互联网时代市场营销策划基本理论与案例分析

龙艳　著

哈爾濱工業大學出版社

内容简介

本书共七章。第一章主要介绍市场营销策划的含义与分类，市场营销策划的基本要素与原则，并阐述了我国营销策划业的发展历程。第二章主要对市场营销策划的组织、流程与方法进行介绍。第三章介绍市场营销策略，在分析市场营销环境的基础上，研究目标营销战略、促销组合策略、危机处理策略。第四章阐述市场营销策划的创新理念，内容涉及体验与服务营销策划、文化与创新营销策划、关系与整合营销策划、绿色营销策划。第五章简要介绍了互联网营销对传统营销的影响，以及互联网营销的特点、工作内容和工作流程。第六章对互联网营销策划进行介绍，包括数字化与网络营销策划、互联网时代四大营销策略。第七章对企业通过网络进行市场营销策划的具有代表性的案例进行分析研究。

本书注重理论与实践的统一，适合高等院校市场营销专业的学生使用，对从事企业市场营销策划的专业人员也有很好的参考价值。

图书在版编目（CIP）数据

互联网时代市场营销策划基本理论与案例分析/龙艳著. —哈尔滨：哈尔滨工业大学出版社，2021. 5

ISBN 978-7-5603-9454-1

Ⅰ. ①互… Ⅱ. ①龙… Ⅲ. ①市场营销-营销策划-高等学校-教材 Ⅳ. ①F713. 50

中国版本图书馆 CIP 数据核字（2021）第 105365 号

策划编辑 常 雨
责任编辑 苗金英 宗 敏
封面设计 童越图文
出版发行 哈尔滨工业大学出版社
社 址 哈尔滨市南岗区复华四道街 10 号 邮编 150006
传 真 0451-86414749
网 址 http：//hitpress. hit. edu. cn
印 刷 哈尔滨圣铂印刷有限公司
开 本 787mm×1092mm 1/16 印张 7. 75 字数 148 千字
版 次 2021 年 5 月第 1 版 2021 年 5 月第 1 次印刷
书 号 ISBN 978-7-5603-9454-1
定 价 45. 00 元

前　言

营销策划是与时代同步发展、极具创新性的一门学科，随着以社交网站和微博等为表现形式的自媒体时代的到来，随处可见利用互联网策划出的前所未有的创意方案。世界经济一体化发展趋势促使我国经济社会得到了飞速发展，同时也使各企业间的竞争更为激烈，企业市场营销策划在企业竞争方面的作用逐渐得以凸显。企业网络营销策划活动能否取得预期的经济效益，关键在于所制定的网络营销目标和各项策略能否正确反映不断变化的外部环境所施加给企业的影响，以及企业是否调动了内部的各种因素来迎接外部环境对企业网络营销提出的各种挑战，并进一步研究企业网络营销的目标策略在实施后对社会及公众的影响。科学、高效率的市场营销策划是企业获得成功发展的重要保障，市场营销策划不仅能对企业的正常运转产生相应的促进作用，而且能够帮助企业在运行中获得丰厚的效益，是企业在市场竞争中抢占发展制高点的重要保证。现阶段，大多数企业已经开始认识到市场营销策划工作的重要性，并将其放置到企业战略发展的重要位置上，希望能够借助高质量的市场营销工作推进企业获得更好的发展。

本书的创新之处在于：第一，市场营销策划理论与市场营销学的理论是相辅相成的，但是营销策划更注重营销活动的创意、策划的流程、策划的方法等环节，因此，本书在介绍营销策划的理论时力求简练，精选重要的基础理论，为学习者提供比较清晰的学习策划理论的思路和方法。第二，本书涵盖了市场营销策划的基本概念和原理、营销策略的策划、产品策划、定价策划以及促销策划等内容。第三，本书阐述了互联网营销策划的相关内容，介绍了相应的网络营销策略、常用的网络营销工具，系统撰写了网络营销策划、服务营销策划的内容，以满足学习者的学习需要。本书注重理论与实践的统一，适合高等院校市场营销专业的学生使用，对从事企业市场营销策划的专业人员也有很好的参考价值。

本书在撰写的过程中，学习和借鉴了市场营销、营销策划的相关研究理论与成果，在此对相关作者表示衷心的感谢！由于作者的水平有限，书中难免存在不足之处，恳请读者批评指正。

作　者

2021年2月

目　录

第一章　市场营销策划概述

第一节　市场营销策划的含义与分类

一、市场营销策划的含义

(一)策划的界定

在我国古代,策划被称为“策画”“擘画”。例如,《后汉书·隗嚣传》中“是以功名终申,策画复得”;《淮南子·要略》中“擘画人事之终始者也”。这里的“策画”“擘画”均有打算、计谋、安排之意,与现在的“策划”语意相通。

“策”字在我国古代典籍中的含义多达十几种。在《辞海》中有多种解释:一是当名词用,指古代的一种马鞭,这种马鞭头上有尖刺;二是当动词用,如“策马扬鞭”,就是用鞭子打马之意;三是指古代用竹片或木片记事著书,成编的叫“策”,如“简策”或“策书”;四是指古代考试的一种文体,即“对策”“策论”,类似于现在的议论文;五是指计谋,如决策、献策、束手无策。

“划”字一般有四层含义:一是指用尖锐的东西将其他东西隔开或从上面擦过,如划火柴;二是用桨拨水前进,如划船;三是按利益情况计较合适不合适,如划得来、划不来;四是划分、计划,如工作计划、规划、谋划。

在我国古代,策划集中于政治、军事和外交活动之中,是为政治、军事、外交服务的。“凡事预则立,不预则废”以及诸葛亮的“三分天下”主张,都反映了古人对策划的认识和运用。此外,商鞅变法、吴起变法、王安石变法等古代变法本身就是一种观念的更替,也可以视为一种权力的更替过程,风险大,只有进行周密的策划才能提出具体的方案,并保证目标的实现。

春秋战国时期,社会纷乱,各诸侯国相互攻伐,当时社会上出现了专门为各国诸侯出谋划策的人,被称为“策士”,为后人留下了许多策划经典案例,构成我国策划思想史的宝库。家喻户晓的田忌赛马、苏秦合纵抗秦、张仪连横破六国等故事作为古代策划的经典案例流传至今。

(二)策划的含义

“策划”一词有广义和狭义之分。

广义的策划是指为了解决现存的问题,人们利用自己的智慧所采取的一种策略或谋划手段的创新过程。广义的策划应用于各行各业,运用于古今中外。它具有以下三个特征:

(1)策划是为了达到一定的目标。这是策划的前进方向,也是策划的动力。

(2)策划是人类智慧和经验的总结。这是区别于任何动物的特征,也就是为达到目标,运用人类的经验和知识的过程。

(3)采用谋略或谋划手段完成既定的目标。这是策划的方法。

狭义的策划是指人们为推动经济社会发展,为现代工商企业或其他组织机构所进行的一种获利性的创新活动。狭义的策划主要运用于现代企事业单位中,它有以下四个特征:

(1)它也有目标,只是这个目标一般被限定在经济领域内。

(2)它的对象是工商企业和一些组织机构,即现代社会组织。

(3)它的目的是为这些社会组织获得利益(社会利益或经济利益),是一种获利性的活动。

(4)它以政策、法律等为工具,为现代社会组织策划。

随着社会的发展,人们对策划的认识逐步深化并赋予其现代意义,进行了更详尽的诠释。

(三)市场营销策划的概念

市场营销策划是市场营销实践日益成熟的产物。一个成功的市场营销策划必须建立在对营销信息准确无误的分析判断的基础之上,没有这个前提的市场营销策划就是盲目的冒险行为。市场竞争的激烈、市场环境的复杂都要求企业有效地组合各项经营要素,围绕企业的经营目标进行周密的筹划和实践,以达到最佳的经营效果。

市场营销策划是在对市场及企业状况进行深入了解的基础上,利用智谋,设计和规划当前与未来市场营销方案,以达到预定目标的过程。它强调三点:一要创新;二要有可实施的方案;三要既符合当前市场状况,又合理预测未来。在我国,市场竞争越来越激烈,一个企业只有好的产品和服务是不够的,企业必须采取各种方法使产品和服务引起消费者的注意。策划是一门严谨的、系统的、有发展前景的学科,是知识经济的重要组成部分。市场营销策划是在深入了解与把握市场规律、理解消费者的需求与心理及对企业产品有深刻认识的基础上,对企业营销活动进行系统的安排与提升。策划是营销的制高点。它需要策划者具有坚实与广泛的知识基础、丰富的市场营销经验以及强大的创造力。一个好的营销策划方案不仅可以使产品迅速占领市场,而且可以使企业在顾客中建立长久的信誉。

市场营销策划所涉及的营销方案必须具有可操作性,不能操作的方案即使创意再好也没有任何价值；不易操作的方案必然会耗费大量人力、财力、物力，而成效也不会显著。营销方案还要有一定的灵活性。市场营销策划是一种超前行为，它不可能预见未来市场上的一切变化因素，必然会出现营销方案与现实不适应的情形。因此，任何策划方案一开始都是不完善的，都需要在实施过程中根据实际情况的变化进行调整。营销方案必须有灵活性，这样才能因时制宜、因地制宜，实现预期的目标。

二、市场营销策划的分类

市场营销策划由于覆盖领域广阔、内容丰富，可以从不同角度分为不同的类型，它们之间互相关联成系统的营销策划体系。对市场营销策划进行分类研究，便于认识营销策划的本质和各个不同的侧面，并根据企业的实际需要和策划人的条件，设计、委托或接受不同的营销策划任务。

（一）按营销策划的主体划分

按营销策划的主体划分，市场营销策划可分为企业内部自主型策划和企业外部参与型策划。

（1）企业内部自主型策划。

企业内部自主型策划是指企业内部专职营销策划部门（如策划部、市场部、营销部、企划部、公关部等）从事的营销策划活动，也有的企业把营销策划职能放到总经理办公室综合管理。企业内部自主型策划的优点是熟悉企业内部的资源状况和条件制定的策划方案，可操作性强，但方案的创意和理念设计受企业文化或管理体制的约束，否定意识差或不敢否定，因而大多数策划缺乏开拓创新精神，市场冲击效果不强。通常这类策划是非营利性的。

（2）企业外部参与型策划。

企业外部参与型策划是委托企业以外的专门从事营销策划的机构（如营销策划公司、管理咨询公司、市场研究公司、广告公司等）从事营销策划活动，有的企业也委托高等院校、科研机构或个体专家参与企业的营销策划。企业外部参与型策划的优点是起点高、视角不同、创意新奇、理念设计战略指导性强，方案制定逻辑系统性强，但资金投入相对较高，可操作性不强，特别是没有严格的商业契约约束的策划方案，可行性较差。通常这类策划是营利性的。

（二）按营销策划的客体划分

按营销策划的客体划分，市场营销策划可分为市场营销整体策划、市场开发策划、市场调研策划、新产品开发策划、价格制定策划、市场布局决策策划、市场推广策划，以及企业形象策划、品牌策划、广告策划、公共关系策划等；也可以根据企业市场营销的日常工作分为旺季营销策划、年度营销策划和企业长期发展策划等。从企业市场营销活动的具体内容和工作特点对营销策划进行不同的分类，有助于增强企业营销策划对其工作的指导性。

（三）按营销策划的性质、要求、内容和指导作用时间划分

1. 按营销策划的性质划分

按营销策划的性质划分，市场营销策划可分为全局性营销策划、战略性营销策划、战术性营销策划等。全局性营销策划是决定卖场经营全局问题的策划，不仅包括企业整体经营活动的运行、内部各组成部分的协调以及整体结构，而且包括对企业发展全局有决定性影响的重要部分和关键环节，是具有全局性和综合性的谋划。一般来说，战略性营销策划是一个较长期的策划，是为了实现长期的战略目标而进行的策划。它决定了企业的发展方向、内容及效果，解决“干什么”的问题。战术性营销策划是一个较为短期的行为，是为了实现短期目标而进行的策划，它决定了企业的生存方式及效率，解决“如何干”的问题。

2. 按企业对营销策划的不同要求划分

按企业对营销策划的不同要求划分，市场营销策划可分为营销创意策划、经营理念设计策划、营销方案策划等，它们各有不同的规范。例如，营销创意策划主要为企业提供营销创意；经营理念设计策划则要求提供营销创意、营销设计等内容；营销方案策划包括的内容较为丰富，它要向企业提供营销创意、理念设计、营销方案的制定，甚至还包括市场营销活动的监理和营销策划方案的滚动调整。

3. 按营销策划的内容划分

按营销策划的内容划分，市场营销策划可分为营销战略策划和营销战术策划。

（1）营销战略策划。

营销战略策划是从企业生存发展的总体和全局出发，依据企业经营战略的要求对企业发展方向、发展目标进行的宏观策划。具体来说，营销战略策划包括企业创立策划、企业兼并策划、企业经营危机策划、企业竞争战略策划等。这类策划的内容综合性强，涉及企业发展的各个方面，具有全局性、长期性、系统性特点。

（2）营销战术策划。

营销战术策划是在战略性策划的基础上，针对营销活动中的某一具体问题、某些具体活动进行的策划，具体包括市场定位策划、产品策划、价格策划、品牌策

划、分销渠道策划、促销策划、广告策划、公关策划、服务策划等。这类策划具有针对性和可操作性强的特点。其目的是把战略性营销策划规定的内容落到实处，是实现企业战略目标的手段和方法。因此，在企业确定营销战略策划之后就必须制定营销策略和战术，没有相应的营销策略与战术作为支撑，营销战略策划将毫无意义。同时，营销战术策划也必须服从、服务于营销战略策划。

4. 按营销策划指导作用时间的长短划分

按营销策划指导作用时间的长短划分，市场营销策划可分为过程策划（贯穿于企业营销的全过程，属于中长期策划）、阶段策划（贯穿于企业营销的各个阶段，属于中短期策划）、时段策划（在企业营销的某一阶段随时策划，属于短期策划）。

不论哪种类型的营销策划，策划活动总体都可以分为两大部分，即市场环境分析和营销活动设定。前者为营销策划的基础，后者为行动方案，二者相辅相成。与营销策划活动相对应，营销策划书也主要由市场环境分析和营销活动设定两大部分构成。

（四）按营销目的划分

按营销目的划分，市场营销策划可分为产品主导型营销策划、客户管理型营销策划和市场竞争型营销策划。

（1）产品主导型营销策划。

企业经营的核心是产品，企业生产与社会需求是通过产品有机衔接在一起的，企业与市场的联系也是通过产品来实现的。产品如何进入市场、占领市场便是企业市场营销活动的重点和目标。以产品为主导的策划也就成为营销策划的核心内容。企业在进行营销策划活动中有许多营销策划就是以产品推广为主要内容而展开的。例如，产品在生命周期不同阶段的营销策划、新产品开发上市、推广的营销策划等。这些策划活动可能只涉及战术型营销策划，也可能涉及战略型营销策划，这就需要从企业经营的全局出发，以产品为轴心综合考虑价格、促销、分销、服务等各种策划要素，展开策划活动。

（2）客户管理型营销策划。

顾客是企业营销活动的对象，企业的产品从开发到占领市场的过程也是争取顾客、满足顾客的过程。因此，营销策划可以以客户消费行为特征为中心构思制定营销策划，如客户导向营销策划、顾客沟通营销策划、顾客满意营销策划。

（3）市场竞争型营销策划。

随着生产和流通的发展，产品越来越丰富，进入市场的企业越来越多，而有限的消费需求制约着市场容量的扩大，为争夺市场份额和有利地位，企业间不可避免要展开激烈的竞争。企业产品进入市场、占领市场、争取顾客总是要面对各种竞争者,目标市场随时有可能因为竞争者的侵入而变得狭小甚至丧失。以竞争手段战胜对手已经成为企业经营活动中的基本思想。市场营销的任务也就是打败竞争对手确立竞争地位。在许多情况下,企业可以根据自身面临的竞争态势进行竞争策划,并将其作为其市场营销策划的主要内容。

第二节　市场营销策划的基本要素与原则

企业从事经营活动的过程中,风险无时不在,无处不存。如何在获取收益的同时又有效规避风险,是摆在每个企业面前的一个难题。通过营销策划可以预测和发现企业营销潜在的风险。市场营销策划需要具备一定的基本要素,还要遵循一定的原则。

一、市场营销策划的基本要素

市场营销策划是围绕实现某一目标或解决某一难题而出谋划策的活动过程的重要内容,但不是它的全部。更为重要的是,无论多么高明的"点子"离开了企业踏实、长期的整体运作也难以得到实现。不能实现的"点子",对企业毫无意义。要全面理解市场营销策划的丰富内涵应把握以下基本要素。

(一)策划主体

策划主体是指进行营销策划活动、提出策划方案的策划者。

策划主体既可以是个人,也可以是某一机构组织;既可以是企业内部成员,也可以是专门的策划咨询机构。由于营销策划是智力密集型的创造性活动,因此对策划主体有着特殊的知识、素质、能力的要求。策划人员应具备一定的专业理论知识、丰富的社会经验、良好的心理素质、敏锐的洞察能力、不屈不挠的坚定意志。正确选择营销策划主体是策划成功的根本保证。

(二)策划对象

对于企业而言,不是所有的营销活动都需要进行系统的策划。企业能顺利进行和开展的营销业务是不需要策划的。策划对象一般是影响企业营销全局甚至决定企业生存发展而解决起来又有一定难度的问题,是企业营销活动中的重点难点问题,正确选择策划对象才能有的放矢,充分利用营销资源达到企业经营目标。策划对象随时间、空间的变化而变化。策划对象既可以是单一目标,也可以是复合目标。单一目标是就营销活动中某具体策略问题进行策划,如对新产品上市定价进行策划。复合目标是对两个或者两个以上的目标进行策划,如同时对价格、渠道、促销、服务等各项活动的预定目标进行策划。

（三）营销策划信息与物质技术手段

营销策划是一种筹划谋算过程，它不是靠凭空想象主观臆断，而是以占有大量第一手材料、掌握足够的营销信息为依据的。它要求建立广泛的信息网络，尽可能全面地搜集与策划有关的各种材料，以增强策划准确性，从而减少其盲目性和风险性。同时，营销策划也离不开必要的物质技术手段。如利用计算机对策划方案进行模拟试验和检验，进行定量分析，寻求最佳策划方案。

（四）创意

创意是与众不同、新奇而富有魅力的构思和设想，策划的关键是创意，可以说，创意是策划的第一要素。

创意并不是什么高深莫测的东西，其获得一是靠思维的积累，只有长期地积累有关事物的信息并重视对其中重要信息的加工，才有创意的获得；二是靠充分发挥想象力、联想力和创造力，开阔思路；三是靠独特的思维方式，打破常规习惯、定势、收敛的思维方式，而采用一定条件下的逆向思维、立体思维、发散思维、交叉思维。

（五）目标

策划是围绕解决某一难题、达成某一目标而进行的活动，因此，它具有较强的方向性和目的性。为使目标切实可行，要做到以下几点。

（1）确定目标焦点，使之具体化、数量化。

（2）对长期目标进行分解，制定出阶段性的短期目标，各阶段的短期目标之间保持持续性和协调性。

（3）目标的价值性，即策划确定的目标对企业的管理人员和员工是有意义、有价值的，和他们的利益息息相关，以取得他们的认可、支持和配合，充分调动他们的积极性。

（六）可操作性

策划不仅要有新颖的构思、具体的目标，还要具有很强的可操作性，能够实施，易于实施。可操作性一是在企业现有的人、财、物等有形资源和信息、商誉、品牌等无形资源与条件下可以实现；二是考虑到外部环境的制约，与外部环境的冲突；三是指有具体的、清晰的行动方案，使策划的参与者能懂得并遵循游戏规则。

总之，没有独辟蹊径、令人耳目一新的营销谋略，不能称为营销策划；没有具体的营销目标，策划也落不到实处；而不能操作的方案，无论创意多么巧妙，目标多么具体,也没有任何实际的价值。

二、市场营销策划的原则

企业在开展营销活动过程中会遇到诸多问题,必须处理好方方面面的关系。在处理这些问题、关系时必须遵循一定的原则。有效开展营销策划活动应该遵循的原则主要有以下几个方面。

(一)统筹规划原则

企业营销策划是一个系统工程,其系统性具体表现为两点:一是营销策划工作是企业全部经营活动的一部分,营销策划工作的完成有赖于企业其他部门的支持和合作,并非营销一个部门所能解决的,如产品质量监管、产品款式确定、货款回收等,就分别需要生产部门、设计部门、财务部门的配合;二是进行营销策划时要系统地分析诸多因素的影响,如宏观环境因素、竞争情况、消费需求、本企业产品及市场情况等,应将这些因素中的有利一面最大限度地综合利用起来,为企业营销策划服务。

营销活动中企业会遇到新问题与新矛盾,如营销各环节的分工协作关系、近期投资与远期收益的关系、局部利益与整体利益的关系等。因此,营销策划必须遵循统筹规划的原则,顾全大局地安排部署企业的营销工作,策划时要从整体上考虑和解决问题,既要注重整体效应,又要注意抓住主要矛盾。

开展市场营销策划工作,必须强调市场营销策划活动的整体性、全局性和效益性。如果只是依靠一两个灵光突现的点子,没有系统的配套措施,这对企业的发展是有害无益的。只有把企业系统作为一个有机整体,才能通过市场营销策划工作,实现整体大于部分之和的目的,发挥各要素简单相加无法实现的功能和作用。这就要求对系统中各个部分的策略进行统筹安排,并且要与外部环境协调起来,做好资源整合工作,确定最优目标。

因此,市场营销策划并不是单纯的广告或销售活动,它是一项系统工程。营销策划的每个组成部分都需要有机地配合来充分发挥作用,任何一个部分都不可缺少或削弱。否则,营销策划难以获得成功。

(二)可操作性原则

企业营销策划要用于指导营销活动,其指导性涉及营销活动中每个人的工作及各环节关系的处理,因此其可操作性非常重要。这就要求营销方案的策划不能闭门造车、纸上谈兵,而要充分考虑外部环境的接受能力和企业内部条件的承受能力,而没有必要片面追求创意的新奇独特或艺术上的高度完美。

（三）机动灵活原则

任何策划方案都不可能是一成不变的，而应该是具有一定的弹性、灵活机动、随机制宜和能够不断调适的。这种调适表现在两个方面：一是在策划之初，就要考虑未来环境的变化趋势，让方案能随时适应变化的环境；二是任何方案都不能是僵化不变的，在方案执行过程中，要根据项目所追求的目标及环境的变化，对方案进行不断调节控制，修正完善。

营销环境的多变性决定了营销策划必须坚持随机应变原则。实践表明，在策划的设计和实施过程中，有可能遇上一些对策划产生巨大影响的突变事件和风险因素，如政府政策的变动、经济因素的变动、社会舆论的影响、法律的制约、竞争对手的反击等，这就增添了策划的风险性。突发事件与风险一旦发生而无应对措施，很有可能导致策划的失败。因此，在进行营销策划时，应尽量对各种可能的意外情况和风险因素进行预测分析，制定相应的对策，以增添营销策划的灵活性和应变性。对于媒体舆论误导、公众误解、设备故障、气候变化等风险因素，可以事先预估，提前防范并制定应对措施。对于政策变化、法律变化、社会动乱等企业自身不可控因素，应随时注意时势变化苗头，及时采取措施，使风险发生时的损失和危害降到最低。

（四）成本效益原则

营销策划必须以最小的投入使企业获得最大的收益。营销策划的直接目的就是取得经济效益，否则就有违企业开展营销策划的初衷，就是失败的营销策划。市场营销策划不同于军事策划、外交策划，营销策划实施之后必须产生直接的经济效益和传播效果。企业营销策划无论是以无形而间接的品牌形象还是以有形而直接的经济利益为目标，最终都是要增加企业效益。因此，效益的高低，就成为在风云变幻的市场中检验营销策划方案优劣的最直观的标准。效益性是营销策划活动中最内在，也是最根本的要求。效益性要求营销策划人员不仅要善于利用企业自身的资源，还要善于利用社会上的各种资源。同时，要合理节约，减少不必要的开支，科学地进行营销策划预算。

（五）创新性原则

作为企业营销活动的核心工作，市场营销策划是一个创造性的思维活动过程，它不仅是一门科学，同时还是一门精湛的艺术，需要策划人员有丰富的实战经验和对工作的深刻感悟，以创造性的新思路、新创意、新策划取胜。如果照搬、模仿、抄袭固有的营销策划模式，就无法实现真正意义上的策划。

《孙子兵法》的“虚实篇”中的“兵无常势，水无常形”道出了营销策划的真髓，即应随具体情况而发生改变,运用创造性的思维,善于依据客观变化了的条件来努力创新,不能抱残守缺、因循守旧。即使是他人已经获得成功的模式,也不能生搬硬套。为实现营销策划的目标,必须不断地创造新的方法,别具一格,与众不同,这样才能够吸引人、打动人,并取得既定的成效。

策划的核心要求是语言新、内容新、表现手法新,要注意从生活中提炼警句、名言,使广告词既幽默又有哲理性,要有新的艺术构思、格调和形式。例如,概念的创新。从传播的角度来讲,创新性的"概念"设计只有通俗易懂,才能最大限度地降低传播成本,在众多的传播媒介中引起关注,形成与消费者真正意义上的深层次沟通。

(六)人本原则

人本原则是指营销策划以人力资源为本,通过发掘人的积极性和创造性,为企业策划提供动力与保障。其中,人力资源既包括企业内部的管理者与员工,也包括广大的消费者。

(1)调动与激发企业内部人员的积极性和创造性。

在企业实施市场营销策划的过程中,应有"以人为本"的理念,因为企业的行为是企业人的行为,不能脱离员工孤立地进行市场营销策划活动。同时,所有市场营销策划活动的落实,最终要由员工的具体工作来体现。全体员工的积极参与,可以使策划工作中出现的各种问题得到有效、快速的解决。

(2)企业行为与消费者的利益有机地结合。

企业的市场营销策划活动必须体现"以消费者为中心"的思想。市场营销策划,不仅要为消费者服务,而且要让消费者满意。只有让消费者满意,才能有助于培养忠诚的顾客群。

(3)企业发展要与社会发展相协调。

企业的生存与发展,无法游离于社会环境之外,因此,企业的发展必须与社会发展相一致,维护生态环境的平衡,保持社会的可持续发展,维护全人类的根本利益。

第三节　我国营销策划业的发展历程

人们常常把策划与咨询相提并论,但是,两者并不完全相同。策划除包括战略、管理等层面外,更是向营销策划、广告策划、公共关系策划、企业形象策划、品牌推广策划延伸,并已经扩展到突发事件的危机处理及各个行业的多层面策划。与咨询相比,策划涵盖面更宽,适用行业更广。

一、我国营销策划业的历史

我国营销策划业从20世纪80年代末开始已经走过了30多年。从营销策划的发展阶段来看，大致有以下三个阶段。

（一）第一阶段：启蒙期（1988—1993年）

我国第一代营销策划人开启了策划行业的启蒙期。他们靠的是“个人智慧”，为企业提供的是“点子激活市场”的策划。从那时起策划成为商业活动的重要内容，被各企业广泛运用。这个时期营销策划人是伴随着我国市场的日益开放和卖方市场向买方市场过渡而成长起来的。遗憾的是，第一阶段的营销策划过于随意，往往是经验式的决策，缺乏对市场整体的洞察和理解。

（二）第二阶段：萌芽成长期（1994—2000年）

20世纪90年代末期，我国营销策划业的环境发生了巨大变化，营销策划业从混乱走向规范，专业化、职业化、行业化的时代到来，也出现了营销策划人的优胜劣汰，基本结束了“单打独斗”的时代，出现了真正意义上的策划公司。这个时期的营销策划有几个显著的特点：一是专业化程度提高，有许多国外留学归来的学者创办策划公司；二是规模较小，品牌知名度还较弱；三是国外咨询公司基本上成为国内咨询市场的主力。

在这一阶段，企业逐步开始理性消费，表现为需求细分、对营销策划业的鉴别力提高。但是这个时期的营销策划往往依附于炒作，难免会出现“泡沫”；只是局限于对企业某一方面的策划，如出现了广告热、公关热、CI（Corporate Identity，企业形象）设计热等，缺乏对企业整体的长远的策划。

CI设计，原意指表达团体一致性，而一般译为企业识别，即企业形象策划，是企业大规模化经营而引发的企业对内对外管理行为的体现。受市场竞争多元化、整体化竞争的影响，企业之间的竞争已脱离产品、质量、技术等方面的竞争而发展到管理、观念、文化等方面。完整的企业形象系统包括理念识别系统（Mind Identity，MI）、视觉识别系统（Visual Identity，VI）、行为识别系统（Behavior Identity，BI）。CI设计所要做的是围绕市场需求，使企业的经营思想、企业文化和营销战略、管理手段以及企业标志、商品标志、广告宣传等都有统一的构成，并且这些构成不是随机组合，而是精心设计、周密策划的结果。CI设计超越了产品营销的高度，本着欲推销产品先推销企业的原理，通过对企业的理念、行为及视觉识别进行系统革新、统一传播，以在社会公众的心目中塑造出超越个性的企业形象。成功的CI设计可使企业节省投资、增加收益，其塑造企业形象的完整性、系统性的功能及其创意的独特性是一般广告策划等手段无法比拟的。

CI设计并不是营销策划的全部内容，而是营销策划的开始，是营销策划的重要组成部分。CI设计包含的内容既有产品方面的，也有企业员工和整个企业形象方面的，这些内容的策划是要以营销策划为基础的。与单纯的CI设计相比，营销策划是塑造企业整体形象的基础工程，如果没有成功的整体营销活动策划，企业很难在消费者心目中树立良好、独特的形象。

（三）第三阶段：整合策划期（2000年以后）

进入21世纪，面对日益激烈的市场竞争，我国企业对营销策划的实际投入呈增长态势，营销策划的价值得到进一步认识，潜在的市场需求扩大，开始出现对企业全方位的整合营销策划，包括战略策划、促销策划、广告策划、营销组织策划等。企业和策划公司开始建立战略联盟。咨询与实践脱节和咨询过度介入企业的现象逐渐得到解决，客观、公正、独立的咨询人员与组织开始出现，市场逐渐开始细分。

在这个阶段，营销策划深入各行各业，IT（互联网技术）、通信、医药、房产、影视、公益活动、娱乐、图书、教育等各个领域到处活跃着营销策划人的身影。

营销策划业是20世纪90年代以来世界上迅速发展的知识密集型产业。现代意义上的策划是社会化大生产的产物，随着企业规模的不断扩大、专业分工的细化，营销策划作为一种专门职业逐渐从一般管理职能中分离出来。以下原因使这个行业在我国日益兴旺成为可能。

1. 教育和IT业的发展

营销策划涉及许多学科领域，如公司战略、组织结构、公共部门管理、信息技术及产品开发等。其中一些学科领域在20世纪80年代发展十分迅猛，从而带动了营销策划的发展。改革开放以来，我国高校逐渐建立起了经济和管理类的院系，20世纪90年代后期开展的MBA（工商管理硕士）教育，为我国经济建设培养了大批优秀人才，客观上为营销策划业在我国的发展打下了一定的人才基础。20世纪90年代以来，我国IT业发展迅速，为营销策划业提供了强有力的分析设备和先进的技术手段。IT方面的营销策划业务量呈高速增长之势，如近年来方兴未艾的ERP（企业资源计划）咨询业务，为扩大营销策划的业务范围、提高用户的管理水平发挥了很大的作用。

2. 企业经营环境的变化

20世纪90年代以来，企业界面临前所未有的竞争、惊人的技术进步以及关于组织机构的新理念。我国经济由计划经济向市场经济过渡，产业结构、相关法律法规不断调整完善，国企改革，社会主义市场体系的建立，企业规模的扩大以及中国加入 WTO（世界贸易组织）等，企业生产经营内外环境的变化都导致了营销策划业的巨大需求。

二、我国营销策划业的现状

随着我国加入 WTO，逐渐融入国际经济大潮中，各类策划、咨询公司如雨后春笋般蓬勃发展。在这些专业策划公司中，又以营销策划公司为主。

在营销策划业迅猛发展的带动下，管理咨询业逐渐成长起来。现代管理咨询是一种主要通过专业顾问团队，有针对性地利用先进的管理技术和经验，协助企业系统地认识和解决管理中的关键问题、获取竞争优势的专业服务活动。管理咨询涉及多学科知识，它是以管理学、哲学、市场营销学、美学等软科学理论和方法为指导，以数学、计算机科学、数理统计等工科知识为背景，运用先进技术、分析软件及仪器设备，具有很强的实践性、创造性和复杂性的思维活动过程。管理咨询可分为综合性咨询和专项咨询两大类。

三、我国营销策划业的前景

进入 21 世纪后，随着市场经济的飞速发展，全球经济一体化进程加快，市场竞争日趋激烈，知识在经济中的含量越来越高，企业对营销策划的需求越来越大，而且这种需求正以迅猛的速度发展。营销策划业越来越成为一个专业化分工的社会经济门类，成为国民经济中一个新的经济增长点，具有十分广阔的发展前景。

策划业要走专业化、规范化、国际化和集团式发展之路，策划人员要具有扎实的专业基础、丰富的实践经验，懂得规范化经营、国际化运作。具体来讲，我国营销策划业将面临以下几方面的转型趋势。

（一）营销策划业从单目标向多目标的转型

着眼于当前的策划，同时又对长远的未来发展进行思考是我国营销策划业发展的又一必然趋势。在进行项目策划时，既要考虑经济效益和社会效益，又要注意有效地利用自然资源、保护自然资源、防止环境污染。在为企业策划扩大企业规模、扩大再生产的同时，要考虑为社会增加就业机会，保持社会安定。同时，既要考虑企业的近期目标，又要考虑企业的中、长期目标；既要考虑企业的经济效益，又要考虑企业的整体形象、品牌形象，以及品牌的知名度和美誉度的提升，产品的科技含量、市场占有率，潜在的消费群和新市场的开发等。

（二）营销策划业从艺术向科学的转型

营销策划业将逐渐走向科学化。过去，策划公司更多地把策划当作一种艺术，更多地强调咨询顾问与企业及企业家互动的过程，认为营销策划是一个驾驭各种矛盾关系的过程，是价值观达成共识的过程，是一种情感探索和交融的过程。策划在方法上也更多地讲究创意，这种方法以个人构想或集体构想为主要特征。经过几十年的发展，策划人员对于营销策划有了更为理性的认识，意识到营销策划不仅仅是一门艺术，更是一门科学，营销创意是其灵魂，知识理论是其骨骼。

（三）营销策划业从个人英雄式向团体智囊机构的转型

现代策划的创新需要多学科、多领域的联合与协作，为此带来了策划的复杂性。随着策划科学的应用向各个领域渗透、学科专业的高度分化，现代策划科学及技法越来越具有综合性。比如 CI 策划，就需要由专家系统来完成。完整的 CI 策划，既需要懂广告策划、营销策划、管理策划、企业诊断、平面设计、三维设计的专家，更需要懂企业的生存哲学、文化个性、个性经营理念、营销战略的高级专家通力合作。

第二章　市场营销策划的组织、流程与方法

第一节　市场营销策划的组织

市场营销策划组织是指企业内部对涉及营销策划业务活动而设计的相应职能部门、职位的结构形式、营销职能的组织工作及与其他职能部门的协作关系，以确保营销策划达到预期目标。企业的营销策划及营销活动是由组织中的人员来完成的，人员的素质是组织的核心。市场营销经理必须设计和管理企业的组织机构，各职能部门的营销管理者自主权的大小、沟通程度、相互信赖程度都与组织有关。因此，合理的组织有利于市场营销人员的协调合作。当今的市场环境呈现出流行化、市场微型化、品牌弱化、竞争加剧、商品大众化以及网络信息技术渗透的特点，使企业面临着一个不断变革的环境，而随着环境变化速度的加快，发展的趋势也越来越难以预测，因此，营销策划组织的模式也必须做出相应的调整，朝着适应环境、不断创新、不断变革的方向前进，更具灵活性和适应性，使营销主体和营销环境在动态中实现平衡。

一、营销策划组织的构成

所谓营销策划组织，一般也称为营销策划委员会或营销策划小组，它将策划活动所需的各类人员整合在一起，是在充分发挥策划主创人智慧的基础上形成的团结合作的组织系统。这种组织机构依策划主题而设，具有临时性的特点，当营销策划项目任务完成时，策划小组便可以宣告解散，其后续工作可由企业的常设组织机构如企划部（科）来负责实施、监督及控制等。虽然是临时性的组织，但营销策划组织仍具有较强的权威性、专业性和严密性，对整个策划活动的成败起着关键性的作用。

通常，营销策划组织由一名主任（组长）、2～3 名副主任（副组长）和若干成员组成。一个完备的营销策划组织，其主要成员及其相互间的关系如图 2-1 所示。

（一）策划总监

策划总监全面负责监督和管理营销策划委员会（小组）的各项工作，其主要工作职责和任务是协调营销策划组织与企业各部门及各方人士的关系，安排、保证

工作进度和效率等，一般应由企业的总经理、营销副总经理或策划部经理担任。

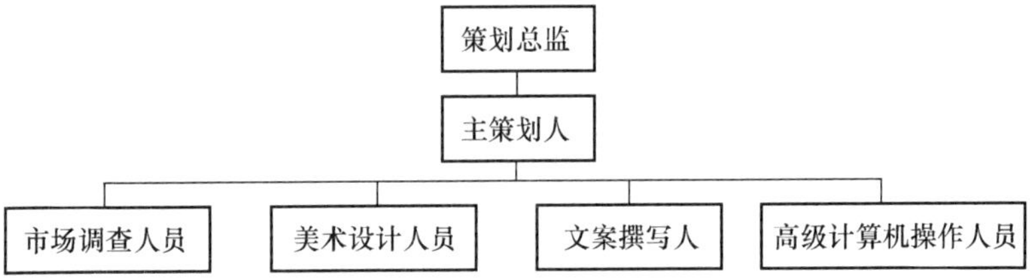

图 2-1　营销策划组织结构图

（二）主策划人

主策划人如同文艺工作中的编导一样，在策划过程中起着关键性的作用。他不仅指挥各类策划人员的调研活动，而且牵头组织策划人员的创意活动并最后负责策划文案的拟订。营销策划的成功，很大程度上就是在主策划人充分发挥聪明才智、发挥组织协调能力的基础上集思广益的结果。主策划人不仅应具备较强的业务素质和各方面能力，同时也应富有企业营销策划的成功经验和高度的责任感。

（三）市场调查人员

准确、完备的市场信息对于策划活动的后续工作是十分关键的。这就要求营销策划组织必须设立专门的人员来负责策划活动所需的相关信息的调查、搜集、整理和分析等工作。对于调查人员来说，敏锐的观察力、准确的判断力和有效获取信息的能力都是其应具备的最基本的素质和能力。

（四）美术设计人员

优质的商品都要有精美的包装，营销策划的过程实际上也是个对企业、产品美化包装的过程。美术设计人员可以利用美学原理，通过创造性的想象来丰富和完善企业的视觉形象、商品标识、广告等，以增强策划文案的感染力和冲击力，提高策划活动的有效性。

（五）文案撰写人

通常情况下，策划文案的撰写应在主策划人的领导下由多个撰写人共同完成，这样既能保证策划工作的效率，也有利于集思广益，提高策划工作的质量。单个文案撰写人虽然只负责文案的部分撰写，但他们必须熟悉和了解整个策划过程。娴熟的文字表达能力，认识问题的深刻性和富于创新思维是衡量文案撰写人水平的主要标准。

（六）高级计算机操作人员

数据库的建立与整理、提案中特殊图形制作等任务的计算机处理是比较复杂的，需要专业技术人员来完成。高级计算机操作人员能保证策划活动及时、有效地获取信息。

营销策划组织应尽量完备，同时它也应是一个由多方人士组成的、富于创造性的机构。只有这样，才能集思广益、博采众长，使营销策划这项复杂的活动顺利进行。同时，营销策划组织并不是一成不变的，企业可以在一定时期内进行组织形式的调整、改进，要本着精兵简政的原则，减少不必要的环节和层次，降低营运成本，减员增效。

二、营销策划人员的素质、能力要求

策划工作往往是以团队为组织单位，因为人无完人，而策划工作却力求尽善尽美，团队合作中归属明确、取长补短的方式恰恰能够促使整个策划达到完美的效果。策划团队是一种特殊的组织机构，以进取、竞争和创新为主要任务。

（一）营销策划人员的分类

在营销策划实践中，如果企业规模不大，营销策划工作复杂性不高，企业高层管理人员比较强势且有着足够的知识、经验、能力、时间等情况下，这项工作可以由企业总经理、营销副总经理、营销总监、市场部经理、策划部经理等中高层管理人员个人或集体完成。而规范的营销策划活动则主要由专业营销策划人员来完成。专业营销策划人员，即具备一定的职业道德，运用专门的知识和技能，从事营销策划工作的人员。

1. 按营销策划人员的专业分工划分

按营销策划人员的专业分工划分，营销策划人员可分为策划总监、项目主管、创意人员、美工人员、文案人员、调研人员、技术人员、媒介专员、设计专员等。

2. 按营销策划人员所承担任务的层次划分

按营销策划人员所承担任务的层次划分，营销策划人员可分为以下几类。

（1）企业营销战略规划人员。

企业营销战略规划人员一般根据企业短期、中期和长期发展战略目标，制定出整体性和阶段性的营销战略规划方案。

(2)企业总体营销策略策划人员。

企业总体营销策略策划人员一般根据企业营销战略规划方案,针对企业某一阶段、某一领域、某一品牌或某一市场的营销问题做出策划。

(3)企业营销项目策划人员。

企业营销项目策划人员一般根据企业总体营销策划方案,针对其中某一方面问题做出策划。

(4)企业专题策划人员。

企业专题策划人员一般根据企业营销项目策划方案的安排,完成某一专题的问题设计、制作与策划。

(5)企业营销策划方案的执行人员。

企业营销策划方案的执行人员包括直接从事或者间接参与企业营销策划方案的组织实施,或为营销策划方案实施提供保障性服务的所有工作人员。

狭义地说,营销策划人员仅指前四类直接参与企业各级营销策划方案形成的人员。

(二)策划人员的一般要求

策划人员的一般要求主要体现在以下几个方面。

1. 集理论与实践于一身的复合型人才素质

策划人员首先要有广博的知识,包括经济学、社会学、美学、管理学、语言艺术学、逻辑学、哲学等各方面的综合知识。同时,策划人员还必须有广博的社会阅历,有丰富的实践经验。

2. 敏锐的观察力和判断力

没有准确、科学、超前、精确的预测,就不是成功的策划;同样,没有特色、没有创意、没有独到的思路和对策,也不是成功的策划。预测的科学性与策划方案的新颖性、针对性都来自策划人员对企业的内、外部环境,优、劣势条件的敏锐洞察和分析判断。具体问题具体分析是策划成功的正确指导思想。

3. 良好的社会公德、职业道德的价值取向

策划人员应扎扎实实地遵循事物发展和人类的思维规律去工作,力争每次策划都是别具一格的,具有很强的针对性而又富有创意,摒弃任何虚假、俗套、粗疏、不负责任的行为。

4. 娴熟的表达技巧

策划人员的策划成果要通过策划文案体现出来。策划文案是由文字、图形、

数据表现的。策划人员必须具有图像、数字、文字的表达能力。

准确、鲜明、生动是表达效果的基本准则。准确是前提,鲜明、生动是表达效果优劣的标志。策划人员应在语言艺术的运用上、色彩的选择上、构图的和谐性上充分体现自身的素质。

(三)营销策划人员的特殊要求

营销策划是一项创造性工作,要求营销策划人员具有扎实的知识功底、优良的职业素质和较强的策划能力。

1. 扎实的知识功底

营销策划人员应该掌握的相关知识内容很多,而且会因策划领域、策划项目的不同有所不同,这里只概括营销策划人员应该掌握的一些基本相关知识的科目。

(1)经济学、心理学和法律知识的铺垫。

营销活动是一种市场行为,营销策划方案必须接受市场的检验,因此营销策划人员必须掌握经济学的基本知识,了解宏观市场的基本走向和微观市场的分布状况。如消费者市场状况、市场竞争结构、竞争规律、供求规律等。

市场营销的核心工作在于满足消费者的需求。因此,营销策划必须掌握消费心理学的基本知识,如关于消费者需求、动机、注意、信念、态度等一系列与消费行为有关的心理学知识。

营销策划人员还应该熟悉基本的经济法律知识,既能运用法律法规保护自己的合法权益,又能规范自己策划的营销行为不致违反法律法规。

(2)营销学、广告学、传播学知识的精通与熟练掌握。

营销策划是对营销活动的策划,因此作为营销策划人员必须掌握较为深厚的市场营销理论,要了解和掌握市场营销学基本原理,树立现代营销观念,善于通过营销环境分析发现营销机会,掌握市场调查和预测的方法,科学把握市场发展变化趋势,并能有效制定营销战略与策略。此外,营销策划是一项宽泛的职业,在营销策划实践中,营销策划人员常常根据自身情况与市场需求状况,选定某一专项营销策划领域,向纵深发展,形成能发挥自己优势的专业化方向。

营销策划方案的执行离不开各种形式的广告,因此营销策划人员必须了解广告学的知识。

营销策划特别是促销策划本质上是一种与消费者的信息沟通活动,因此营销策划人必须了解信源、信道、编码、译码、反馈等信息传播的基本知识。

(3)企业及其产品的知识。

营销策划人员应该熟悉企业的发展历史、经营范围、经营宗旨、经营方针、在同行业中的地位、企业的规模、企业的规章制度、企业的销售政策、定价策略、交货方式、付款条件、服务项目及优惠政策等有关销售的基本知识。

营销策划人员还应该掌握基本的产品知识,应该熟悉产品性能、用途、用法特点、价格、特色、使用方法、维修、管理程序、竞争产品(包括替代品及同行业的产品)、本产品的寿命周期、本产品的优点与缺点等。

(4)目标顾客的相关知识。

营销活动的对象是目标顾客,因此,营销策划人员尤其要掌握企业目标市场在人口、地理、心理及行为等方面的基本信息。

(5)其他相关知识。

营销策划人员还应有一定的艺术欣赏水平,知晓广泛的社会文化知识,了解一些工业设计的方法,掌握一定的会计学和统计学知识等。

2. 优良的职业素质

营销策划人员应具备良好的职业素质,主要包括以下五个方面。

(1)主动性与积极性。

策划人员应具备积极的心态和主动的精神,凡事积极进取,从不消极懈怠。

(2)存疑性与挑战性。

良好的策划人员有旺盛的求知欲和强烈的好奇心,凡事喜欢思考、喜欢反问为什么,不盲从既成事实,不满足于现状,总是挑战现实,挑战极限,力求改变现状,争取更好。

(3)独立性与创造性。

优秀的策划人员较少有依赖性,不肯轻附众议、人云亦云,而有独特的见解、与众不同的方法,勇于弃旧图新、变革创新。

(4)科学性与严密性。

优秀的策划人员崇尚科学,思维严密系统、追求真理、重视论证,追求策划方法的科学严密、系统、高效。

(5)宽容性与变通性。

优秀的策划人员具有宽广的胸怀、谦虚的态度、宽容的素质,善于学习和借鉴他人的长处,虚心接受别人的意见和建议,博采众家之长,完善创意策划,不固执、不拘谨,善于根据时机、环境变化和他人建议修改策划方案,从而提高营销策划的适应性。

3. 较强的策划能力

策划人员不同于一般专业人士,其能力更为广泛、全面和扎实,主要包括以下几方面。

(1)前瞻性的认识能力。

策划人员要把握世界历史发展的规律和中国社会前进的方向,并据此认识未来的发展趋势和社会的价值取向,以保证在策划中的预测不背离正确的方向并且是具有前瞻性的预测。

(2)敏锐的反应能力。

策划人员要对社会发生的新生事物有敏锐的反应能力,风起毫末便能警觉。只有呼应社会的新风尚、新时尚、新事物,才能使策划体现时代精神和创新特色。

(3)睿智的想象力。

想象是创新的基础,没有想象就难以创新。营销策划人员要培养想象力,一方面要扩大知识范围,增加表象储备;另一方面还要养成对知识进行形象加工,形成表象的习惯。总之,丰富的想象力是营销策划人员必须具备的重要能力之一,营销策划人员要特别重视它的训练和养成。

(4)深刻的、理性的思维及分析能力。

富有理性的思维习惯,能够深入冷静地思考问题,能够正确评估各种解决问题的方法及创意的优劣利弊,能够从众多策划构想创意方案中去伪存真、去粗取精,丰富、发展和完善最具效果与创意的策划方案。在创意的形成阶段,在激发灵感、进行创造性思考方面,记忆力、观察力、想象力起着重要的作用。通过这些智力的发挥,营销策划人员可以提出许多解决问题的方案措施。而在创意的取舍和营销策划方案的选择阶段,则需要深刻的分析能力。

(5)巧用资信情报的能力。

策划人员要创造、要创新,首先必须占有大量的资信情报。在处理和利用所占有的情报时,或浓缩,或引申,或推断,或充盈,应视情况运用自如而又恰到好处。

(6)强烈的创造力。

创造力是指善于利用已有信息,大胆设想,勇于探索,运用新视觉、新思维,提出新策略、新方法,创造性工作的能力,它是一种综合性的、高层次的思维能力和行为能力。创造力对营销策划人员尤为重要。

(7)卓越的审美能力。

审美能力具有时代性,不同的时代具有不同的审美观,也就相应具有不同尺度的审美能力的标准。策划人员审美能力的卓越表现为引领时代风气之先,符合大众审美标准,又卓尔不群,不落俗套,不落已有的窠臼。策划人员的审美能力可从策划中的创意、构图、用色、形象设计、行为取向等多方面体现出来。

(8)精当生动的表达能力。

策划人员的创意需要精当的表达。当,即适当、恰当,要求具有准确性和分寸感;精,即精确、精粹、精致,不偏离,不冗繁;生动则要调动语言、艺术技巧,使创意在色、彩、形、字里行间等诸方面都生机盎然,内蕴丰富,动感强烈,感染力强。

(9)融会贯通的整合能力。

策划人员要对策划活动中的系列行为举措进行整合。整合首先要提纲挈领,抓住中心,并以主题思想作为旗帜,将相关内容统串在一起。整合中免不了取舍,取什么、舍什么,如何衔接、如何铺垫、如何突出中心、如何呼应、如何点睛等环节操作的过程和效果是策划人员能力强弱的试金石。

(10)灵活的应变能力。

应变能力是指人们在遇到意料以外的情况时,能够沉着冷静、灵活机动、审时度势地应付变化,并能达到原来既定目标的能力。营销策划环境复杂、不确定性因素很多、不可控因素很多,这就要求营销策划人员面对突发事件造成的企业营销危机,应该思维敏捷清晰,能够快速准确地分析和判断问题,及时地察觉环境变化可能对营销策划方案实施造成的影响,并及时采取相应的调整对策。营销策划人员要想在面对意想不到、突如其来的变故时做出比较恰如其分的反应,必须注意在营销策划实践中总结经验与教训,总结出一套切实可行的应变方案。

第二节　市场营销策划的流程

就一个完整、典型的策划方案来说,策划的流程一般由确定策划主题、策划调研、构思策划方案、评选策划方案、实施策划方案、市场营销策划的实施与控制阶段,以及策划过程的反馈等环节组成,必须明确各个环节的任务,把每一个环节做扎实。这些环节并非独立存在的,要把它们动态地组合在一起,才能确保整个策划的成功。

一、确定策划主题

策划主题是策划活动的宗旨,是整个策划运作的总纲。策划的程序一般从确定策划主题开始,了解策划的主题,才能够明确目标。

策划一定是针对某一个对象进行的。杰出的策划人员开展策划工作时,在程序上首先会找出策划对象,再进行下一步工作。所谓对象,即策划的主题,譬如 A 地区 B 产品的促销策划,其策划的对象,也就是主题是“如何促销 A 地区 B 产品”。又如,××××年度职工技能的培训策划,其策划主题就是“××××年度职工技能培训”。

如果不先明确主题,那么策划就很难成立。如主题只是“促销策划”,就不如“A 地区 B 产品的促销策划”的对象明确和容易策划。作为策划者,没有好的主题,就无法产生好的策划。值得强调的是,策划主题设定得高低优劣,直接取决于提出主题的组织或个人的思维惯性、学术基础、经验积累以及对现实和未来的把握程度等各种因素。

二、策划调研

策划调研的目的之一是进一步明确策划主题，它要做的工作即明确“前提与假设”——根据企业的经营管理经验和策划人员的经验、市场信息等对市场环境等前提条件，对目标、竞争对手、企业竞争能力等进行假设分析。

（一）市场调查与客户调查

策划是认识现在、预测未来和规划行动的动态过程，因此只有了解策划对象的过去和现在，并根据策划主体的经验和知识，推测出未来的发展趋势，才能做出科学的符合事物发展逻辑的策划。而要了解策划对象的过去和现在，就要进行事先调查，即收集与策划主题密切相关的信息。

策划者在策划过程中要收集以下三方面的信息。

1. 策划主体自身的信息

策划主体在策划过程中，要充分了解自己，过高地估计自己或过低地看待自己，都不利于策划的成功。

2. 竞争对手的信息

要在策划的竞争中获胜，不仅要“知己”，更应当“知彼”。要了解竞争对手的历史、现状，了解其规模、实力，了解竞争对手的意图和行动方案等。

3. 策划环境的信息

策划者不但要了解策划主体自身的信息和竞争对手的信息，而且要了解社会公众、政策法规、自然地理条件、社会伦理道德等有关策划环境方面的信息。

（二）分析策划环境

分析策划环境就是对策划环境进行细致分析，找出各种可能的约束条件，包括资源约束、组织约束、法律约束等各种环境的约束。进行环境分析时，可以从宏观环境、行业环境和组织环境三个方面入手。

在对企业的优势和弱点有了一定的把握，确定了分析项目之后，就可以对以上各个项目进行评估，一般采用 SWOT 分析法。

三、构思策划方案

一项策划在分析完各种环境后，紧接着就进入策划的核心阶段，即构思策划方案阶段，这是最能体现策划人员创造性的阶段。策划方案的构思过程主要包括形成策划创意、制定策划方案和制作策划书三个阶段。

（一）形成策划创意

没有好的创意，即使发现了很有价值的问题也无助于策划工作的有效完成。策划创意的要旨在于与策划所关注的目标群体实现真正的心灵沟通，使对方在被打动的同时接受策划者的创意。

（二）制定策划方案

策划创意形成后，就可以进入制定策划方案阶段了。作为策划者，不仅需要具备产生创意的能力，而且还必须将其整理为策划方案，向客户或上级管理者提出，并经审议通过，从而在实施时得到执行者强有力的支持。

1. 定位策划方案

在整理制定策划方案时，需考虑拿出一个何种层次和品位的策划方案来。定位决定策划方案的制作风格，因此策划人员既要考虑客户的需求，选择一种能够引起客户共鸣的策划方案，又要考虑自身的特点和风格。质量是给策划方案定位的首要标准，策划方案制作必须高标准、严要求。

2. 表现策划内容

策划方案的定位完成后，就要靠策划人员的智慧以及策划团队的知识积累，将有关策划内容表现出来。具体包括客观环境条件分析、自我条件分析、策划主题和策划思路的确定、策划目标设计、策划方案实施的具体步骤、备注说明等。

3. 拟定多种方案

在策划时，应该拟定多套方案以备选择。如果只找到一种策划方案，就意味着这种策划方案不一定是最佳的，就难以相互比较好坏、区别优劣，就没有选择的余地。

针对同一主题，策划者不妨做出 A、B、C 等多个方案，用多种策划方案来解决同一问题，这些方案之间并不是互相排斥的，而是互相补充、互相融合的，应取其所长、去其所短。

（三）制作策划书

事实上，从策划人员的最初构想开始，策划书的制作工作即已开始，只不过那时的“策划书”存在于策划人员的头脑中而已。随着构想的细化，策划书也初具雏形，内容也渐渐丰富，直至最后完整的策划方案出台，形成文字。

四、评选策划方案

一项策划可能会存在很多种策划方案，要在各种策划方案之中选择一个最优方案，策划公司以及策划人员自己必须有一定的标准，并且依从这些标准进行自我评审，将各种方案的优点和缺点一一列出来，经过权衡，拿出最优方案。

（一）评估策划方案的标准

1. 策划要有创意

创意是策划方案的灵魂，没有创意的策划方案等于是废纸一张。策划的具体步骤为：第一，确定策划方案的类型，根据策划方案类型选择一个内容框架。第二，在内容方面为营销策划做出一个出色的创意，画龙点睛，以精彩的形式、极具吸引力的创意统领整个策划。第三，以小创意来深化大创意，注重策划方案的每一处细节。可以从产品（需求）、品牌或企业的特性角度思考，如产品外包装、产品特性、产品性价比、消费者需求、品牌诉求等等。

2. 可操作性

策划方案的执行程序应该具有可操作性。一般有以下程序：第一，调查分析市场情况，表述市场潜力，即调查产品未来的潜在市场有多大，包括详细的图表说明等。第二，产品简介，如什么样的产品、功能特色如何等。第三，市场定位分析，即产品定位于哪些用户群、为什么这些用户会偏爱这款产品。第四，撰写推广方案。再好的产品也需要推广，但推广方式多种多样，应结合不同的产品使用不同的推广方式。第五，预测投入的资金的收益。此外还有风险分析等。

3. 策划方案效益选优

策划方案效益选优的标准：哪个方案付出的代价较小，取得的成果较大，哪个方案就是所要选择的方案。方案的代价与成果可用指标体系进行评估。指标体系是由若干个单项指标所组成的整体，它反映了策划所要达到的目标和功能。

(二)评价策划方案效益的指标体系

1. 政策性指标

政策性指标包括政府的方针、政策、法令、法律及发展规划等方面的要求,它对宏观策划和中观策划尤为重要。

2. 经济性指标

经济性指标包括策划方案的成本、效益、投资额和利润等。

3. 资源性指标

资源性指标包括人、财、物等资源的保证程度。

4. 时间性指标

时间性指标包括策划进度、时间节约等指标。

以上所考虑的是大类指标,每一指标又可包含许多小类指标,在具体条件下,可以有所选择和增减。

(三)评估策划方案的方法

一般来说,评估策划方案,可采用经验判断法、数学分析法和预演法。

1. 经验判断法

经验判断法是基于决策人员的经验、知识、技术水平,对各个方案进行分析比较,从而对其优劣做出判断而进行抉择的一种方法。这种方法主要用于包括较多难以定量化的抽象因素(如社会因素、人的因素、心理因素、道德因素)的决策问题。

2. 数学分析法

数学分析方法是一种定量化的评估方法,它主要用来解决那些受多种复杂的数量因素制约的策划方案的评选。特别是在电子计算机广泛应用的今天,这种方法在评估中的应用越来越多,包括系统分析、线性规划、网络规划、层次分析法等一系列建立在数学手段基础上的定量化分析技术。

3. 预演法

所谓预演法,就是将策划的初步成果让策划的目标对象在某一领域或者是局部地区进行试用。通过对他们使用过程的情况调查,发现策划本身的不足或缺点,从而进一步改进,使之得以顺利实施。预演通过试验的方式进行评估,这种方法主要用于解决一些经不起失误的重大决策问题,尤其是一些缺乏经验的新问题。

任何一个策划,在未经实践检验前,都是纸上谈兵。为此,评估策划首先必须考虑的是其可行性,即这一策划方案在现实中是否可行。毕竟,策划终归是为现实服务的,缺乏必要的可行性或者实践基础,贸然将策划方案一下子在目标对象身上全面地铺开,具有太大的风险性,所以有必要在实施之前进行可行性考察,预演法正是可行性考察的主要方式。

五、实施策划方案

策划方案只有进入有效的实施阶段,从实现总体目标出发,统筹全局,排除干扰,掌握进度,才能实现设计目标,收到策划效果。策划方案在实施过程中应抓好以下重点环节。

(一)落实执行组织和人员

任何策划方案最终都要通过人去实施,因此,确定策划方案实施的组织和人员是策划方案实施的基础。策划执行组织和人员的落实,是按行动计划的规定明确承担执行策划方案的机构,组编、调配各层各级组织及其领导班子,划定每个职位的职权范围、职责及其与周边组织的关系,制定必要的制度、规章和注意事项等。

策划方案执行组织和人员确定之后,不要立即展开策划的实际操作,还需要集中一段时间进行专门训练。训练的形式、内容及时间长短,可根据策划任务对执行人员的要求和策划执行人员的实际水平而定。

总之,要保证策划方案得以顺利实施,策划的意图得到圆满的实现,就必须建立一支精明能干、团结向上的实施队伍,这是策划方案实施过程中最重要、最关键的问题。

(二)物资筹办

任何一项策划活动,无论其规模大小、内容多少、时间长短,都必须有一定的经费和物品作为保障。在策划方案的执行中,诸如广告宣传、差旅费用、办公用品、交通运输、通信联络、资料印刷、工作人员的工资补贴及各种公关费用等,都是必需的。

物资的筹办可分为物资的筹措和物资的部署两方面。物资的部署不同于物资的筹措,筹措是对有形物资的筹集,部署是对有形物资的调度。部署包括按编制预算对有限的资金、物品做最佳分配和调拨等。在物资的筹办过程中,要设有专门机构,由专人对物资进行管理,严禁物资的流失与浪费。

(三)思想动员

要成功地执行策划方案,必须以舆论为先导,即让策划方案的执行者知道自己在做什么、为什么去做、怎样做好,以求得共识与合作。策划方案执行者对策划方案略有所知,不等于已理解准确、深入;对任务的明确,不等于会自觉地积极完成。因此,策划方案实施的负责人应对策划方案的意图、内容进行广泛深入的宣传讲解,争取更多人,特别是有关组织的理解、支持、参与、协作,以形成更强大的整体力量,共同推进策划方案的实施。

如果策划者和策划方案实施负责人不能和执行人员进行彻底的沟通,那么精心编制的策划方案,就有可能在实施阶段变质,最终使本来很好的策划方案却以失败告终。

(四)执行过程的监控

在策划方案的执行过程中,策划实施负责人和策划者要对策划过程进行监控,以发现计划与实施之间的矛盾、偏差,还可以及时采取措施纠正已出现的偏差或解决新矛盾于萌芽之中,从而防患于未然。

六、市场营销策划的实施与控制阶段

在这个阶段要组织人员实施、监控调适、总结评估,只有做好这些工作才能给策划工作画上一个圆满的句号。出其不意,击其不备,是取胜的关键,但更关键的是要把握住出奇招的时机,选准时机,伺机而动,把事先精心设计的奇招部署周全,做到反应快、部署快、准备快、切入快、运作快、撤出快。只有这样,才能争取主动权和制胜权,速战速决,最终取得全局性胜利。这里的速战速决不是草率而是要把握好火候。这需要智慧与胆识,还要具备敏锐的观察力、分析力、判断力。

一般情况下,只有在市场营销策划实施的一段时间结束并还想持续下去时,策划实施的控制才有意义。策划人员根据结果对营销策略进行评估,看看营销目标是否达到,是否有差距存在。如果有差距存在,则要找出原因,以便对下一段计划时间内的营销策略进行调整。

市场营销策划部门应是由情报、创意、策划、销售各类人才组成的一支志同道合、业务精深、具有团队精神的队伍。一个周密、完善的策划活动并非仅靠策划者的智能和技巧便能完成,还要以科学的策划理论作为根据,按照科学的程序进行可行性论证，以现代科技手段、设备进行可靠性分析。常规的作战方式是：初期以调查部为中心，各部为辅，对市场进行周详的调查，做出可行性分析报告；继之以创意部为主，给企业一份新颖独到的、符合企业实际情况的、符合市场状况的策划方案；最后与企业相关部门携手实施。

七、策划过程的反馈

策划是针对现实的一种构想、一种设计，它从现实出发，但又不完全切合于现实，这就要求策划者在策划活动的每一个环节进行及时和全面的反馈调节，使策划真正切合现实需要，这是策划活动成功的保证。

（一）策划反馈的原则

在对策划方案进行反馈调节的过程中，要遵循以下几个原则。

1. 随机性原则

策划方案实施过程中，可能受到意料不到的随机因素的干扰，策划实施者要有效地实施反馈控制，就要根据这些随机因素的产生，随机地对策划方案进行调节控制，以变应变。

2. 及时性原则

及时性要求策划实施者要善于及时发现策划方案实施过程中所出现的各种偏差，并在此基础上对策划方案进行及时反馈调节，也就是要及时应变。

3. 适度性原则

为了对策划进行有效的反馈调节，还必须对策划过程中所产生的偏差信息做具体分析。准确判断这种偏差的性质、大小、方向和强弱，以此为依据，实施相应程度的调节，才有可能做到既不出现“过度”，也不出现“不及时”，从而防止反馈副作用的发生。

（二）策划反馈的内容

策划反馈应贯穿于策划的全过程，在策划前、策划中、策划后都应及时全面地反馈。

1. 策划方案确定之前的反馈

这一反馈主要帮助修正策划方案。这一过程由策划人员将策划创意和方案提交给决策圈讨论评价，征集专家和领导的意见，在此基础上修改方案，最后确定最佳的执行方案。

2. 策划方案执行过程的反馈

这一反馈用来调整策划方案和策划方案的执行计划，增加策划方案的可行性。因为影响策划的因素多而复杂，有些因素一时难以预测，所以策划方案只能是一个粗线条的计划大纲，不能也没有必要做到天衣无缝，因此需要在实施过程中不断加以调整和充实。

3. 策划活动完成后的反馈

这一反馈是在策划活动完成后，按照原策划方案确定的价值、进度、质量、效益等标准，对策划的成果优劣加以评定等一系列活动的总称。这一反馈主要检查策划方案执行的效果，帮助策划人员提高策划水平。

当然，策划是为了改变传统做法或向新事物挑战而存在的，策划又是一项创造性极强的工作，不同策划者在进行策划的构想时，思维方式和思考方法有较大差异。策划人员如果硬将策划的程序固定，那么，构思自然也会被固定，因此，策划人员可根据实际情况，灵活安排策划程序的先后。

第三节　市场营销策划的方法

营销策划方案调研中，通常都要设计出采用什么方式方法来收集需要的信息资料。常用的方法及其技术要点如下。

一、访问法

访问法又称采访法、询问法，是获取第一手资料最常见的一种方法。访问法的特点主要在三个方面：第一，问答性。即调查者按事先拟定的调查项目或调查问卷，向被调查者通过直接或间接方式提问，由调查对象一一回答，收取调查资料。第二，多样性。即调查方式既可运用口头形式，又可运用书面、问卷和电话等形式，在同一个问题的调查了解过程中，调查访问人员可以根据被调查者的情况，从多角度灵活地提出问题，收集被调查的意见。第三，简明性。即访问法要求调查者提问或被调查者回答问题，均应简明扼要，直截了当，不能烦琐复杂，含糊不清，否则影响访谈质量。

二、观察法

观察法是调查者在现场对被调查者的情况观察、记录，以取得市场信息资料的一种调查方法。观察法的特点主要有四个：第一，目的性。观察什么，怎样观察，及观察手段、步骤和范围必须明确规定，做到心中有数。第二，计划性。在没进行观察之前，对此次观察要观察什么，怎样观察，及观察手段、步骤和范围必须做精心准备，制订一个观察计划。第三，系统性。观察应按观察计划进行，紧紧地围绕着目的、研究课题收集情况，取得的资料才能全面、完整和系统。第四，可重复性。如果观察的提纲、方法、手段、步骤、观察对象的条件相同，那么科学的观察会得到基本相同的结果。

三、实验法

实验法起源于自然科学的试验求证法，后来逐渐应用到统计调查方法中。实验法是通过科学设计的试验收集市场信息资料，并进行统计分析和假设检验，以达到利用实际样本对总体进行推断的目的。例如，需要研究某种商品的包装因素对销售量的影响效果情况，就得选定某一个地区范围，将新旧两种包装的同一商品，投入市场试验对比，然后，观察其销售的变化和消费者的反映，作为决定新包装是否可以采用的依据。

实验法的特点主要有三个：一是试验结果的对比性，即必须将试验结果资料与试验对象纵向的、横向的或纵横综合的资料情况，进行对照比较分析。通过比较，找出事物之间的因果关系。二是试验事件的可控性，即调查人员可以有效地控制所选择的自变量，并测量这些自变量对因果关系的影响，有意识地调查对象在相同条件下是否重复出现，进行试验对比，得到可靠资料。三是试验条件的相同性，也就是说，运用实验法选择的调查对象，进行试验的试验组情况与控制组或非控制组，或推广应用范围的具体情况，在地理环境、政策要求、规模大小、结构内容等方面都应该做到基本相同，以保证试验调查者的成功和试验结果推广应用的有效性。各种因素的变动会导致试验结果出现不稳定的情况，因此，对影响结果变动的各种因素，必须严格控制，做到在相同条件下，不断试验，收集资料，以及推广应用。

四、抽样法

这是营销调研人员从总消费群体中抽取一小部分样本进行研究，然后得出关于总体的结论。样本是从总体中挑选出来的,能代表总体的一部分。在理论上,样本应具有代表性,以便调查者能准确地估量总体的思想和行为。抽样法是现代营销调研中的重要组织形式,是目前国际上公认和普遍采用的科学的调研手段。

抽样法适用的范围比较广泛,原则上讲,为取得大量社会经济现象的数量方面的资料,在许多场合都可以运用抽样法;在某些特殊的场合,甚至还必须应用抽样法。

(1)对一些不可能或不必要进行全面调查的社会经济现象,最宜采用抽样法解决。

(2)经费、人力、物力和时间有限的情况下采用抽样法可节省费用,争取时效。

(3)运用抽样法对全面调查进行验证。

(4)对某种总体的假设进行检验,判断这种假设的真伪,以决定行为的取舍时,也经常用抽样法来测定。

五、问卷法

问卷法又称问卷调查法,是利用事先设计好的问卷向被调查者调查,收集市场信息资料的一种调查方法。采用问卷进行调查是国际通行的一种调查方式,也是我国近年来推广最快、应用最广的调查手段之一。

(一)调查问卷的结构

问卷调研的主要内容是关于调查事项的若干问题和答案,但仅有这些内容是不够的。一份完整的调查问卷,通常由标题、说明信、主体、编码、被访者项目、调研者项目和结束语七个部分组成。

1. 标题

每份问卷都有特定的调研主题,调研者应该为特定的研究主题确定一个明确的标题,用它开宗明义地表明问卷调研的目的,使被调研者对要回答什么方面的问题有一个大致的了解。确定标题应简明扼要,易于引起应答者的兴趣。例如,“中国互联网发展状况及趋势调研”等,把调研对象和调研中心内容和盘托出,十分鲜明。尽量不要简单地采用“问卷调研”这样的标题,它容易引起应答者因不必要的怀疑而拒答。

2. 说明信

一般在问卷的开头应有一个说明信,是致被调查者的一封短信,这是调查者和被调查者的沟通媒介,目的是让被调查者了解调查的意义,引起被调查者足够的兴趣和重视，争取他们的支持和合作。其内容一般包括以下几个方面。

（1）称呼、问候。如“××先生、女士：您好”。

（2）调查人员自我说明，调查的主办单位和个人身份。

（3）简要地说明调查的内容、目的、填写方法。

（4）说明作答的意义和重要性。

（5）说明所需时间。

（6）保证作答对被调查者无负面作用，并替他保守秘密。

（7）表示真诚的感谢，或说明奖励的方式、方法及奖金、奖品等有关问题。

说明信的语气应该是亲切、诚恳而礼貌的，简明扼要，切忌啰唆。写好说明信，取得被调查者的支持与合作是问卷调查取得成功的必要保证。

3. 主体

该部分是调研问卷的核心部分，它包括了所要调研的全部内容，主要由各种形式的问题和答案及其说明部分所组成，是调研主题所涉及的具体内容。在拟定主体部分问答题时，问题的多少应根据调研目的而定，在能够满足调研目的的前提下越少越好；与调研无关的问题不要问；能通过二手资料调研到的项目不要设计到问卷中；答案的选项不宜太多。

4. 编码

编码是将调研问卷中的每一个问题以及备选答案给予统一设计的代码，是将问卷中的调研项目变成代码数字的工作过程。大多数市场问卷调研均须加以编码，以便分类整理。在大规模问卷调研中，调研资料的统一汇总工作十分繁重，借助于编码技术和计算机可大大简化这一工作。编码既可以在问卷设计的同时就设计好，也可以等调研工作完成以后再进行。前者称为预编码，后者称为后编码。在实际调研中，研究者一般采用预编码。

5. 被访者项目

被访者的基本情况是对调研资料进行分类研究分析的基本依据。一般而言，被访者有两大类：一是个人，二是单位。根据调研目的与内容，如果被访者是个人，则其基本情况可以包括姓名、性别、年龄、文化程度、职业、职务或职称、个人或家庭收入等项目。

6. 调研者项目

调研者项目主要包括调研人员姓名、调研地点、调研日期等与调研人员调研相关的信息，其作用在于明确责任和便于查询、核实。

7. 结束语

结束语也称致谢语，一般放在问卷的最后，用来简短地对被调研者的合作表示感谢，也可以征询一下被调研者对问卷设计和问卷调研本身的看法和感受。

（二）问卷法的特点

1. 易实施，精确度高

调查可以采用个别口头询问、集体访问、电话访问等方式进行，但是这些方式都要求调查员具有较高的询问技巧，同时，还需要记录，这就难免出现问题回答不完整或记录不全、时间过长等情况。采用问卷方式，则可将所有的问题全部用提问方式在问卷中列出，许多问题都给出了多种可能的现成答案，供被调查者选择。因此，这种方式容易被被调查者所接受。而且，实际调查者只要稍加培训，即可胜任此项工作。一份设计完整的问卷能够有效地减少回答误差，提高调查的精确度。

2. 数据处理分析方便

问卷设计将调查内容分解为各个细致的项目，并将其规范地排列在问卷中，绝大多数问题列出被选答案，供被调查者选答，少数问题采用文字表达方式，这样就有利于调查内容的系统化、标准化，便于利用手工或电子计算机对所取得的资料进行汇总。同时，由于问卷方式能将人们的态度、观点、行为、看法等定性认识转化为定量数据，这样就便于研究者对调查对象的基本情况进行各种统计分析，如相关分析、回归分析等。

3. 时效性强，调查效率高

由于问卷设计中已将调查目的、调查内容进行了说明和编排，因此，除特殊情况外，问卷形式无须再由调查者就有关问题向被调查者详细说明，只需被调查者完成答案即可。这样就节省了调查者用于详细解释意图、项目的时间，加快了调查进度。

（三）问卷设计要注意的问题

问卷设计最重要的是对问卷问题的设计，对问卷设计总的要求是：问卷中的问句表达要明确、生动，注意概念的准确性，避免提似是而非的问题。具体应注意以下几点。

（1）避免笼统、抽象或过于专业化的问题，如："您对某商店的印象如何？"

(2)避免不确切的词,如“很久、经常、一些”等,及某些形容词,如“美丽”等。

(3)避免用含糊不清的句子,如:“您春节是出门旅游还是休息?”出门旅游也是休息的一种形式,它和休息不存在选择关系。正确的问法是:“您春节是出门旅游还是在家休息?”

(4)避免引导性问题。如果提出的问题不是中立的,而是暗示出调查者的观点和见解,力求被调查者跟着这种倾向回答,这种问题即“引导性提问”。如:“消费者普遍认为某某牌子的电脑好,您的印象如何?”

(5)避免提断定性的问题。如:“您一天抽多少支烟?”这种问题即为断定性问题,被调查者如果根本不抽烟,就会造成无法回答。正确的处理方法是:“您抽烟吗?”如果回答者回答“是”,继续提问,否则终止提问。

(6)避免提出被调查者禁忌和敏感的问题。如:“您是否逃过税? 逃过几次? 数额是多少?”

(7)问句要考虑时间性。如:“您前年家庭生活费支出是多少?”“用于文化、食品、服装费用的支出分别是多少?”

(8)避免一问多答的问题。一个问号最好只问一个要点,一个问句中如果包含过多询问内容,会使被调查者无从答起,给统计处理带来困难。如:“您的父母是知识分子吗?”这就使那些父母中仅有一个是知识分子的人无法回答“是”或“否”。

(9)注意提问的顺序。在设计问卷时,要讲究问卷的排列顺序,使问卷条理清楚,提高回答效果。

第三章　市场营销策略分析

第一节　目标营销策略

任何企业都不可能使一种产品满足所有的市场需求，而只能满足其中一部分消费者的需要。企业应把这一部分顾客筛选出来，确定为自己的主攻市场（目标市场），并充分利用企业的资源，发挥企业优势，树立企业的特色，制定出有针对性的市场营销策略。因此，企业必须对潜在的顾客进行分类，根据外部环境及内部条件，选择自己服务的对象，作为自己的目标市场，这时，市场细分、目标市场策略以及市场定位就开始发挥作用，这就是现代营销中的 STP 营销。STP 营销是现代战略营销的核心，包括市场细分（Market Segmentation）、目标市场（Market Targeting）和市场定位（Market Positioning）三个环节，如图 3-1 所示。

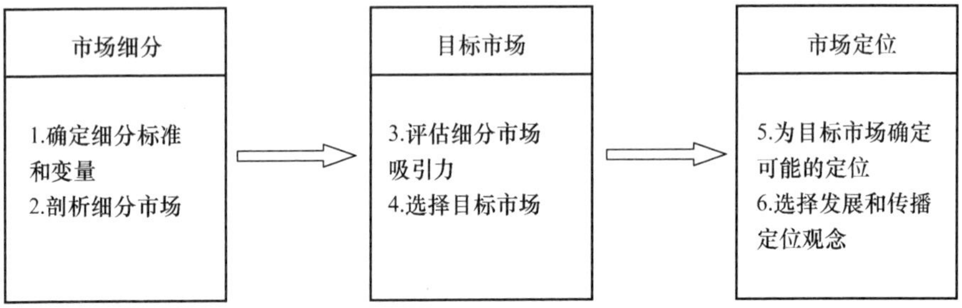

图 3-1　SPT 营销

一、市场细分

市场细分是指营销者利用一定需求差别因素（细分因素），把某一产品整体市场消费者划分为若干具有不同需求差别的群体的过程或行为。需要指出的是，细分市场不是根据产品品种、产品系列来进行的，而是从消费者的角度进行划分的。

（一）市场细分的前提

1. 市场需求的差异性

由于消费者的购买动机和购买行为不尽相同，为了实现精准营销，必须对市场进行细分。市场细分的关键在于发掘消费者的需求偏好,将具有相同消费需求和消费习惯的消费者纳入同一个细分市场。

用“二八定理”来解释,就是20%的顾客创造了企业80%的利润。这也说明了消费者在消费水平和消费偏好上存在巨大的差异。市场细分的目的就是帮助企业找到那20%的优质客户,从而提高企业的利润水平。从社会发展的角度来看,随着生活水平的提高,消费者的消费需求正在从单一向多元化的方向发展,比如当下大型商场在设计上,已包含影院、餐饮等功能,正是适应了这一发展方向。除此之外,由于地理条件、社会环境、自身的特质、生活习惯等方面的不同,也直接导致人们对消费品的需求偏好存在差异。市场细分的关键在于寻找消费者需求中的“差异点”。

2. 市场需求的相似性

消费者的消费需求受到地域、教育水准、区域文化等因素的影响。因此,来自相同地域、接受同种教育、拥有相同文化背景、经历相似甚至有着相同或类似价值观的消费者,在一定程度上存在着相似的需求偏好。企业在看到市场中的差异的同时,还要看到市场中消费者需求的相似之处,将具有相同需求的消费者纳入某个细分的市场,以保证细分市场拥有足够的市场份额和潜在利润。

3. 买方市场的形成促使企业进行市场细分

随着买方市场的全面形成,以及卖方之间的竞争日趋激化,市场细分成为企业发现新“蛋糕”和把“蛋糕”做大的利器。在现代企业管理中,市场细分已经成为一切营销活动的重要手段,不仅有利于企业挖掘新的市场机会,还可以督促企业进行生产改造、流程优化以及新品开发,更可以优化企业有限的资源,做到聚焦于目标市场,全力以赴达成企业目标。

(二)市场细分的原则

一般来说,企业在进行市场细分时,应把握以下三个原则。

1. 可衡量性

可衡量性即以某种标准进行细分后的各个子市场范围清晰,市场容量可以估计,需求程度和购买力水平可以被衡量,并同其他子市场有明显的差异。

2. 可接近性

可接近性即以某种标准进行细分后的各个子市场是企业营销辐射能力能够达到的。在进行细分时,企业应考虑划分出来的细分市场,必须是企业有足够的能力去占领的子市场，在这个子市场上，能充分发挥企业的资源优势。

3. 可营利性

在市场细分中，被企业选中的子市场还必须有一定的人口规模、足够的购买潜力、充足的需求量，能够使企业实现大规模的生产，形成规模经济。

细分市场一旦被企业选定为目标市场，它应给企业带来的利益不仅是目前的，而且还必须能够给企业带来较长远的利益。所以，企业在进行细分时必须考虑市场未来发展是否有潜力，如果细分市场的规模过大，企业"吃不了，无法消化"，将在竞争中处于弱势；如果规模过小，企业又"吃不饱"，现有的资源得不到最佳利用，利润将难以确保。因此，细分出的市场规模必须恰当，才能使企业得到合理的利润。

（三）选择市场细分的标准

企业要进行市场细分，首先就是要确定按照什么样的标准来进行细分。一般来说，凡是影响消费者需求的一切因素，都可以作为市场细分的依据。市场细分的标准必须能区分不同的需求。企业可以根据行业和自己的情况选择适当的因素作为标准（或变数）来对市场进行细分。

1. 消费者市场细分的标准

消费者市场细分可以按照地理环境因素、人口因素、心理因素、行为因素等进行。

2. 产业市场细分的标准

产业市场的细分标准，有些与消费者市场的细分标准相同。如追求利益、使用者情况、地理环境因素等，但还有一些不同的标准。波罗玛和夏皮罗提出了一个产业市场主要细分标准（表 3-1），较系统地列举了产业市场细分的主要变量，并提出了企业在选择目标市场时应考虑的主要问题。

表 3-1　产业市场主要细分标准

项目	具体相关表述
人口变量	□行业：我们应把重点放在购买这种产品的哪些行业？ □公司规模：我们应把重点放在多大规模的公司？ □地理位置：我们应把重点放在哪些地区？

续表 3-1

项目	具体相关表述
经营变量	□技术:我们应把重点放在顾客所重视的哪些技术上? □使用者或非使用者情况:我们应把重点放在经常使用者、较少使用者、首次使用者还是从未使用者身上? □顾客能力:我们应把重点放在需要很多服务的顾客上,还是只需少量服务的顾客上?
采购方法	□采购职能组织:我们应将重点放在那些采购组织高度集中的公司上,还是那些采购组织相对分散的公司上? □权利结构:我们应选择那些工程技术人员占主导地位的公司,还是财务人员占主导地位的公司? □与用户的关系:我们应选择那些现在与我们有牢固关系的公司,还是追求最理想的公司? □总的采购政策:我们应把重点放在乐于采用租赁、服务合同、系统采购的公司,还是采用密封投标等贸易方式的公司上? □购买标准:我们是选择追求质量的公司、重视服务的公司,还是注重价格的公司?
情况因素	□紧急:我们是否应把重点放在那些要求迅速和突击交货或提供服务的公司? □特别用途:我们应将力量集中于本公司产品的某些用途上,还是将力量平均花在各种用途上? □订货量:我们应侧重于大宗订货的用户,还是少量订货者?
个人特性	□购销双方的相似性:我们是否应把重点放在那些其人员及价值观念与本公司相似的公司上? □对待风险的态度:我们应把重点放在敢于冒风险的用户还是不愿冒风险的用户上? □忠诚度:我们是否应该选择那些对本公司产品非常忠诚的用户?

(四)确定市场细分的方法

按照选择市场细分标准的多少,市场细分可以有三种方法。

1. 单一变数法

单一变数法是指只选择一个细分标准进行细分市场的方法。例如,玩具市场,不同年龄的消费者对玩具的需求不同,可按年龄标准把市场细分为:1～3岁玩具市场,4～5岁玩具市场,6～7岁玩具市场,8～12岁玩具市场,12岁以上玩具市场等几个细分市场。1～3岁的玩具应该具有启蒙功能,而12岁以上的玩具应具有智力或科技功能。

2. 综合变数法

综合变数法是指只选择两个以上(少数几个)的细分标准进行细分市场的方法。例如,某公司对家具市场的细分采用了三个标准(表3-2)。

表3-2 某公司对家具市场的细分

户主年龄	18～34岁、35～49岁、50～64岁、65岁以上
家庭人口	1～2人、3～4人、5人以上
月收入水平	1 000元以下、1 000～3 000元、3 000元以上

根据这样的标准细分,可分为36个细分市场。

3. 系列变数法(完全细分法)

系列变数法是指根据企业经营的需要,选择多个细分标准,由大到小、由粗到细进行系列细分市场的方法。例如,某服装公司选择多个标准对服装市场进行细分(图3-2)。

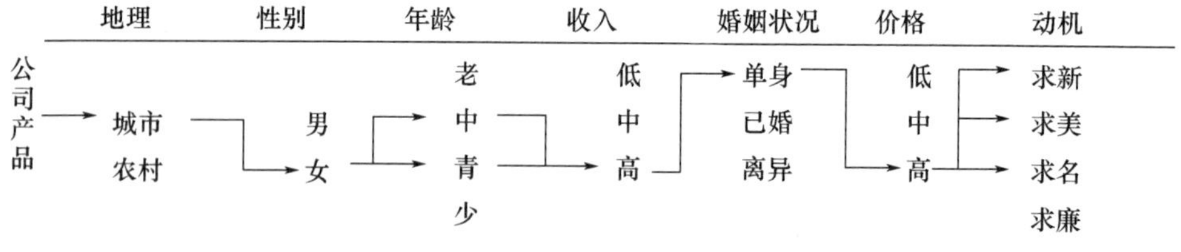

图3-2 某服装公司对服装市场的细分

二、目标市场

市场经过细分之后,摆在企业面前的是若干个细分子市场,究竟哪个细分子市场对本企业来说存在着市场机会,即哪个子市场可以作为本企业的目标市场,企业可以集中自己有限的资源并发挥自己的优势为目标市场的消费者服务,同时也取得相应的经济回报。我们必须对细分市场进行分析和评价,确定本企业的目标市场。

（一）评估细分市场

评估细分市场，必须确定一套具体的评估标准，评估标准主要可从细分市场本身的特性、市场结构的吸引力、本公司的目标及资源优势这些方面来考虑。

1. 细分市场的规模和潜力

（1）市场有没有“适当”的规模。

“适当”的规模是个相对的概念，大企业一般重视销售量大的细分市场，小企业却经常会选择一些小的细分市场，但总的来说，根据企业自身的条件，衡量细分市场的规模是否值得去开发，即开发这样的市场是否会由于规模过于小而不能给企业带来所期望的销售额和利润。

（2）市场有没有预期的发展前景。

一个细分市场是否值得开发，除了应具备规模因素外，还要考察市场有没有相应的发展前景。发展前景通常是一种期望值，因为企业总是希望销售额和利润能不断上升。但要注意，竞争对手会迅速地抢占正在发展的细分市场，从而抑制本企业的盈利水平。

2. 细分市场结构的吸引力

有些细分市场虽然具备了企业所期望的规模和发展前景，但可能缺乏营利能力。迈克尔·波特提出决定某一细分市场长期利润吸引力的五力分析模型，即波特五力分析模型（图 3-3）。该模型在产业组织经济学基础上推导出决定行业竞争强度和市场吸引力的五种力量。

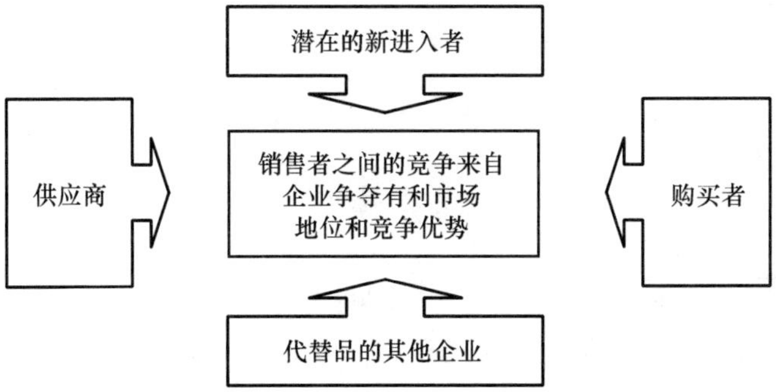

图 3-3　波特五力分析模型

波特五力分析模型将大量不同的因素汇集在一个简便的模型中，以此分析一个行业的基本竞争态势。波特五力分析模型确定了竞争的五种主要来源，即供应商和购买者的讨价还价能力，潜在进入者的威胁，替代品的威胁，以及来自目前在同一行业的企业间的竞争。

3. 企业的目标和资源

某细分市场具有适合企业的规模、良好的发展前景和富有吸引力的结构，但能否作为企业的目标市场，企业仍需结合自己的目标和资源进行考虑。

企业有时会放弃一些有吸引力的细分市场，因为它们不符合企业的长远目标。当细分市场符合企业的目标时，企业还必须考虑自己是否拥有足够的资源，能保证在细分市场上取得成功。即使具备了必要的能力，公司还需要发展自己的独特优势。只有当企业能够提供具有高价值的产品和服务时，才可以进入这个目标市场。

（二）选择目标市场

市场经过细分、评价后，可能得出若干可供进军的细分市场，企业是向某一个市场进军或向多个市场进军呢？这就需要确定目标市场的范围。企业可以在五种目标市场模式中进行选择（图 3-4）。

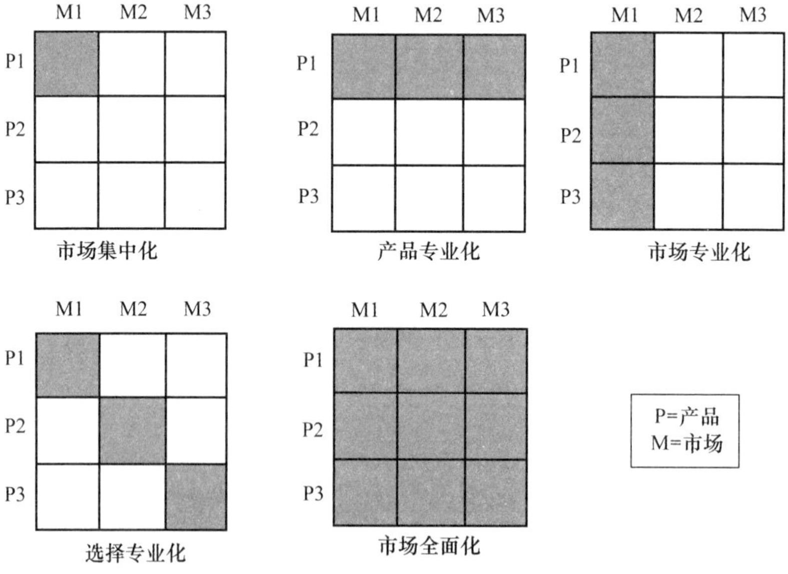

其中，M1、M2、M3 表示不同的产品，P1、P2、P3 表示不同的子市场。

图 3-4　目标市场选择的五种模式

1. 市场集中化

企业选择一个细分市场作为目标市场，只生产一种产品来满足这一市场消费者的需求。这种策略的优点主要是能集中企业的有限资源，通过生产、销售和促销等专业化分工，提高经济效益。一般适应实力较弱的小企业，与其在大(多)市场里平庸无奇，倒不如在小(少)市场里占有一席之地。这种策略也存在较大的潜在风险，如消费者的爱好突然发生变化，或有强大的竞争对手进入这个细分市场，企业很容易受到损害。

2. 产品专业化

企业选择几个细分市场作为目标市场，只生产一种产品来分别满足不同目标市场消费者的需求。

这种策略可使企业在某个产品树立起很高的声誉，扩大产品的销售；但如果这种产品被全新技术产品所取代，其销量就会大幅下降。

3. 市场专业化

企业选择一个细分市场作为目标市场，并生产多种产品来满足这一市场消费者的需求。

企业提供一系列产品专门为这个目标市场服务，容易获得消费者的信赖，产生良好的声誉，打开产品的销路；但如果这个消费群体的购买力下降，就会减少购买产品的数量，企业就有滑坡的危险。

4. 选择专业化

企业选择若干个互不相关的细分市场作为目标市场，并根据每个目标市场消费者的需求，向其提供相应的产品。

这种策略的前提是每个目标市场必须是最有前景、最具经济效益的市场。

5. 市场全面化

企业把所有细分市场都作为目标市场，并生产不同的产品满足各种不同的目标市场消费者的需求。只有大企业才能选用这种策略。

(三)制定目标市场营销战略

企业通过对市场进行细分，发现一些潜在需求或未被满足的需求，并结合企业自身的目标和资源，分析竞争的情况，寻找到理想的市场机会，这就是目标市场的选择。企业决定选择哪些市场作为目标市场，有三种目标市场营销战略可供选择。

1. 无差异市场营销战略

实行无差异市场营销战略的企业把整个市场看作一个大的目标市场，不进行市场细分,用一种产品统一的市场营销组合去满足所有用户的需求。这种战略最大的优点是成本的经济性。由于产品的品种、规格、款式简单,有利于标准化与大规模生产,有利于降低生产、存货、运输、市场调研、促销等成本费用。其主要缺点是单一产品要以同样的方式销售并受到所有购买者的欢迎,这几乎是不可能的。即使一时能赢得市场,如果竞争企业都如此仿照,就会造成某一较大市场上竞争激烈,而较小市场又未得到满足。

一般来说,无差异市场营销战略除适用于同质产品外,主要适用于购买者广泛需要的,生产能够大规模进行的、产品能够大量销售的市场,而对于其他大多数产品并不适用,对于一些企业也不宜长期采用。

2. 差异市场营销战略

采用差异市场营销战略的企业把整个市场划分为若干个需求与愿望大致相同的细分市场,针对每个细分市场的需求特点,设计、生产和销售不同的产品,制定相应的市场营销组合(图 3-5)。差异市场营销的优点主要是企业通过提供差异性的产品,可以更好地满足各类消费者的不同需要,增强消费者对企业的信任感和认同感,扩大销售;同时,由于针对不同的细分市场组织实施不同的营销组合方案,有利于提高企业营销活动的效果。但由于产品种类、销售渠道、广告宣传的扩大化与多样化,市场营销费用大幅度增加,有时很难预测这种战略的效益如何。有些企业曾实行了"超细分市场战略",即许多市场被过分地细分而导致产品价格不断上涨,影响产销数量和利润。于是,一种被称为"反市场细分战略"应运而生。反市场细分战略并不是反对进行市场细分,而是将许多过于狭小的子市场组合起来,以便以较低的价格去满足这一市场的需求。

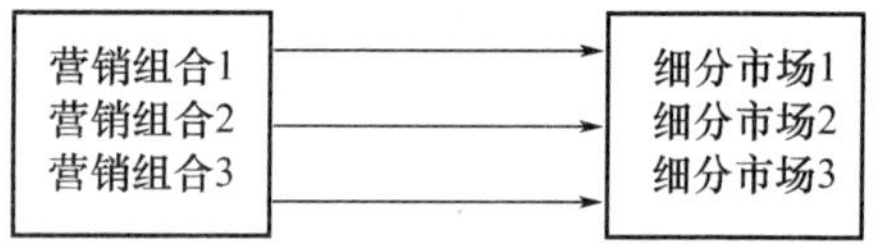

图 3-5　差异市场营销战略

3. 集中市场营销战略

集中市场营销战略是指企业以一个或少数几个细分市场为目标市场,集中企业营销力量,实行专门化生产和销售(图 3-6)。前两个战略都是以整个市场为目标市场,为整个市场服务,而集中市场营销战略则是把目标市场确定为一个或少数几个细分市场。实行这种战略的企业集中力量追求在较少的市场上占有较多份额,甚至是取得支配地位的市场份额,在局部取得成功,赢得信

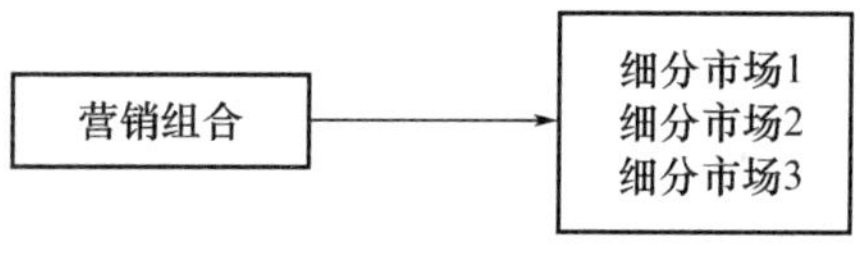

图 3-6　集中市场营销战略

誉、壮大实力后，再依据条件逐渐扩展市场范围。但是，实行集中市场营销战略有较大的风险，因为目标市场范围比较狭窄，一旦市场情况发生变化，企业可能陷入困境，甚至难以为继。

前面所述的三种目标市场营销战略各有其长处和不足，企业应根据具体的情况加以选择。企业在确定采用何种目标市场营销战略时应考虑企业资源、产品的同质性、产品所处的生命周期阶段、市场的同质性、竞争状况等。

三、市场定位

企业进行市场细分，确定目标市场之后，紧接着应考虑目标市场各个方位的竞争情况。因为在企业准备进入的目标市场中往往存在一些捷足先登的竞争者，有些竞争者在市场中已占有一席之地，并树立了独特的形象。新进入的企业如何使自己的产品与现存的竞争者产品在市场形象上相区别，这就是市场定位的问题。

（一）市场定位的概念

市场定位是指企业为使自己生产或销售的产品获得稳定的销路，塑造出企业产品与众不同的鲜明个性、形象并传递给目标市场的消费者，从而使企业产品在消费者心目中形成特殊偏爱，在目标市场上占据强有力的竞争地位。

市场定位根据定位对象不同，一般分为企业（公司）定位、品牌定位、产品定位三个层面。产品定位就是将某个具体的产品定位于消费者心中，让消费者一产生类似需求就会联想起这种产品。产品定位是其他定位的基础，因为企业最终向消费者提供的是产品，没有产品这一载体，品牌及企业在消费者心目中的形象就难以维持。品牌原本是产品的一种特殊标志、标识。品牌定位不同于产品定位，当一种知名品牌代表某一特定产品时，产品定位与品牌定位无大区别。当一种知名品牌代表多个产品时，产品定位就区别于品牌定位。企业定位是企业组织形象的整体或其代表性的局部在公众心目中的形象定位，企业定位是最高层的定位。

（二）市场定位策略

1. 产品定位策略

市场营销中的产品是一个包含三个层次的整体产品，产品定位的目的，是让有形、无形的产品在消费者心目中留下深刻的印象，因此产品定位必须由产品三个层次的各种特征，如功能、价格、技术、质量、安装、应用、维护、包装、销售渠道、售后服务等方面入手,使其中的一个或几个特征能与其他同类产品区分开来,且区别越大越好,特色越明显越好,看上去就好像是市场上“唯一”的。归纳起来,产品定位策略有以下几种。

(1)根据属性定位。

产品与属性、特色或消费者利益相联系。产品的外形(形状、颜色、大小等)是产品给消费者的第一印象,独特的外形,往往能吸引消费者第一眼的注意。如果在消费者对某些产品的形式已成为习惯、想当然的时候,对外形加以改造,往往会产生令人惊喜的效果。如果在灰黑色调的电器中,突然出现一台红色的电冰箱,一定会格外引人注目。

(2)根据价格与质量定位。

价格是产品最明显、最能反映其质量、档次特征的信息。

①高质高价定位。高价格是一种高贵质量的象征。只要企业或产品属于“高质”的类别,且高质量、高水平服务、高档次能使消费者实实在在地感受到,就可以采用这种定位。

②高质低价定位。一些企业将高质低价作为一种竞争手段,目的在于渗透市场,提高市场占有率。

(3)根据产品的功能和利益定位。

产品的功能主要在于它能帮助消费者解决问题,带来方便,获得心理上的满足。消费者一般都很注重产品的功能,企业可以通过对自己产品的各种功能的突破,强调给消费者带来比竞争对手更多的利益和满足,据此进行定位。根据产品的功能和利益定位,或者是多功能定位,或者是重点功能定位,或者是单一功能定位。

(4)根据使用者定位。

使用者就是目标消费者。所以依靠使用者的定位,实际上就是选定一个独特的目标市场,并使产品在此目标市场上获得难于取代的优势地位,如婴儿助长奶粉、老年人高钙铁质奶粉。

2. 品牌定位策略

品牌是商业化的现实生活中最常见的东西。如今要用什么东西都得买,买的时候就认牌子,因为同类的产品太多了。在国际上,有一半的产品是靠品牌成交的。

(1)档次定位。

依据品牌在消费者心目中的价值高低区分出不同的档次。如酒店、宾馆按星级划分为1~5个等级,就是档次定位的一个例子。

因为档次定位反映品牌的价值,不同品质、价位的产品不适宜使用同一品牌。

如果企业要推出不同价位、品质的系列产品，则应采取品牌多元化策略，以免使整体品牌形象受低质产品影响而遭到破坏。

(2)类别定位。

依据产品的类别建立起品牌联想。类别定位力图在消费者心目中造成该品牌等同于某类产品的印象，成为某类产品的代名词或领导品牌，消费者在有了某类特定需求时就会联想到该品牌。

(3)比附定位。

比附定位就是通过攀附名牌、比拟名牌来给自己的品牌定位，目的是借名牌之光来提升自己品牌的价值和知名度。

①甘居“第二”。明确承认同类产品中另有最负盛名的品牌，自己只不过是第二而已。这种策略会使人产生一种谦虚诚恳的印象。

②奉行高级俱乐部策略。强调自己是某个具有良好声誉的小团体的成员之一。

(4)情景定位。

将品牌与一定环境、场合下产品的使用情况联系起来，以唤起消费者在特定情景下对该品牌的联想。

3. 企业定位策略

消费者在购买一种物品时，常常会面临品牌太多，而自己又对品牌弄不清楚的情形。这时消费者往往会倾向于先看生产经营的企业是哪一家，再做决定。企业作为一个整体，在消费者的心目中是有一定的位置的。所以一个企业，必须设法让自己作为一个整体，在消费者的心中占据一个明显而突出的位置。企业作为整体的定位，有四种可以选择的策略。

(1)市场领导者的策略。

在同行中，往往有一家大企业，它的经济实力雄厚，产品拥有最大的市场占有率，被公认处于市场领导者的地位。这类企业为了维护其领导者的地位，通常把自己的整体形象定位在消费者偏爱范围的中心位置，这样定位最能适合广大消费者的需要，市场占有率最大。

(2)市场挑战者的策略。

在同行业中，一些大企业处于第二、第三的市场地位，它们不甘心被领导，立意市场竞争，抢占市场领导者的位置，以提高市场占有率，增加营利。这类企业的市场定位是把自己的整体形象定位在尽量靠近市场领导者的位置，缩小与市场领导者的差别，便于争夺市场领导者地位。

(3)市场追随者的策略。

在同一行业中，一些处于市场第四、第五位的企业，或处于第二、第三位的企业，它们从利润出发，不愿意冒风险与市场领导者争夺市场领导地位，而宁居次要地位追随、模仿市场领导者。这类企业一般选择的定位策略有三个：一是紧随其后；二是有距离追随；三是有选择追随。

(4)市场补缺者的策略。

在同一行业中，一些小型企业因为资源有限，无法与大企业相争，只能经营一些被大企业忽视的小市场。这类企业把自己的整体形象定位在远离市场领导者的位置上，以避免市场竞争，发展自己的事业。

(三)市场定位方法

1.避强定位

企业力图避免与实力最强或较强的其他企业直接发生竞争，将自己的产品定位于与竞争对手不同的市场区域内，使自己的产品在某些特征或属性方面与最强或较强的对手有显著的差异。这种方式的优点是：能够迅速地在市场上站稳脚跟，并能在消费者心目中迅速树立起一种形象。由于这种定位方法市场风险较少，成功率较高，常常为多数企业所采用。

2.对抗性定位

企业根据自身的实力，为占据较佳的市场位置，不惜与市场上占支配地位的、实力最强或较强的竞争者发生正面竞争，从而使自己的产品进入与对手相同的市场位置。这种定位的方式有时会产生激烈的市场竞争，有较大的市场风险。但不少企业认为由于竞争者强大，能够激励自己奋发上进，一旦成功就会取得巨大的市场优势，且在竞争过程中往往能产生轰动效应，可以让消费者很快了解企业及其产品，企业易于树立市场形象。实行对抗性定位，必须知己知彼，应清醒估计自己的实力，但不一定要压垮对方，只要能够平分秋色就是巨大的成功。

3.重新定位

企业实施某种定位方案一段时间以后，有可能发现原有定位效果并不理想，不能达到营销目标；或者没有足够的资源实施这一方案；或者为发展新市场的需要；或者竞争的需要。此时应该对产品进行重新定位。

重新定位有时需要承担很大的风险，企业在做出重新定位决策时，一定要慎重。必须仔细分析原有定位需要改变的原因，重新认识市场，明确企业的优势，选择最具优势的定位，并通过传播不断强化新的定位。

定位时，企业可以只推出一种差异，即单一差异定位；可以推出两种差异，称为双重差异定位；还可以推出几种差异，实行多重差异定位。但值得引起重视的是，企业推出的差异不宜过多，否则会降低可信度，也影响了定位的明确性。

第二节　促销组合策略

促销组合是指企业根据促销的需要，对广告、销售促进、宣传与人员推销等各种促销方式进行的适当选择和配合。促销组合传播将事物视为一个整体进行传播，是多种传播“声音”的战略协调，其目的是通过协调营销组合中的销售人员、广告、公关、销售促进等因素，充分利用劝诱性传播对消费者和非消费者（即零售商、销售人员、舆论领袖）受众的影响。促销组合也体现了整合营销传播（Integrated Marketing Communication，IMC）理论，强调在与消费者沟通时，为了达到理想（明确、一致、高效）的沟通效果，要将促销组合要素如广告、公关宣传、销售促进、人员销售、赞助营销、直复营销、POP 沟通等相互配合，整合成一体，与品牌的市场定位相一致，与产品、价格和分销渠道相协调。

一、促销组合的构成因素

现代市场营销要求企业不仅仅是开发优良的产品，制定吸引人的价格，使目标消费者能够购买产品，而且还必须与现有的和潜在的消费者进行有效沟通。促销组合就是企业和消费者进行沟通时运用的直接方法，由五个因素组成（图 3-7）。

促销组合也就是将人员推销、广告宣传、公共关系、销售促进和直复营销都组合在一起，用来达成公司的营销目标。

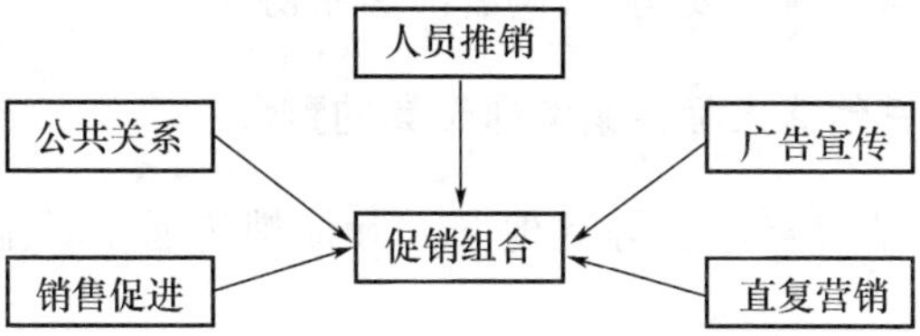

图 3-7　促销组合的构成因素

（一）人员推销

人员推销是由公司的销售人员以销售为目的向一个或多个潜在顾客进行口头沟通的方式。

人员推销可以是面对面的，也可以通过其他方式（电话、微信等）进行。这种人际交流所具有的交互性，使营销上的沟通具有灵活性，卖方可以听见或看见潜在买者的反应并依此调整信息，并依据顾客的特定需要提供信息。

不管是吸引新顾客还是向当前顾客销售别的产品，人员推销过程都包括以下内容:形成顾客线索和确认这些线索的有效性;进行销售拜访;确定异议并对异议做出反应;完成销售以及跟进销售以便建立和维护客户关系。

人员推销属于一对一的沟通,有助于销售人员工作的核心——顾客关系的建立,与此同时,其他非人际促销沟通工具则属于大众沟通,对销售的作用是间接的。由于组织结构和职能的差异,人员推销和其他非人际促销沟通方式在实际操作中往往是相互独立运作的,如果不注重人际沟通与非人际沟通的交互作用,将会影响整体沟通效果。因此,企业应把人员推销与其他非人际促销沟通工具整合起来。

1. 人员推销与广告整合

广告通过大众传媒向广大受众传达有关企业和产品的最新信息,在通常情况下,信息反馈和调整机会几乎为零。与人员推销结合使用可以实现优势互补,尤其是在新产品上市时更加重要。因为人员推销是一对一的人际沟通模式,可以向受众解释、反馈及有针对性地调整信息,在一定程度上弥补广告的不足。

2. 人员推销与销售促进整合

销售促进对人员推销能起到积极的促进作用,两者的结合使用能刺激顾客购买。

3. 人员推销与公共关系整合

公共关系的重要作用是建立和维持与公众的关系,而销售人员在企业和公众顾客的关系建立中扮演着重要角色,两者应紧密协作。

4. 人员推销与其他非人际促销沟通工具的整合

人员推销可与销售点广告等其他非人际促销沟通工具配合使用,产生协同效应。

(二)广告宣传

广告宣传是企业(包括政府和其他非营利组织和个人)作为广告主,以有偿付费、非个人沟通方式通过各种媒体传递有关创意、产品、服务和观念等方面的信息。

制定广告计划的前提是必须明确广告的目的,这样才能做到有的放矢。根据广告目的确定广告的内容和投放时机,以及广告所要采用的形式和媒介,可以将广告分为产品广告、企业广告、品牌广告、观念广告等类别。

(三)公共关系

公共关系是通过有利的宣传树立良好的公司形象,并应付或阻止谣言、不利的新闻和事件所产生的负面影响,从而与公司的各个公众群体建立良好关系,而不仅限于顾客。

企业可以通过公众吸引、优势表现、对象分类等定位法设计有个性、易识别的企业形象,以期给公众留下明确、清晰而深刻的印象。加强与利益关系者的交流,化解企业信任危机;用较少的费用,在媒体广告之外激发市场。

公共关系的具体活动方式主要有以下几种:新闻宣传、赞助公益活动、积极参加各种专题活动、针对企业内部的公关活动。

(四)销售促进

销售促进是指为销售队伍、分销商或最终消费者提供附加价值或激励,从而刺激销售立即增长的促销活动,是企业为了达到营销目标,在一定时期内为迅速刺激需求、鼓励消费而采取的促销手段和方法。如某服装品牌,平时在商场的销售一般不打折,但是每隔一段时间就会在商场做些特卖活动,这些特卖活动总是能吸引很多消费者,可以说,该服装品牌很好地做了销售促进。

实际上,销售促进包括很多有趣的短期战术工具,能对长期的营销战略起到极其重要的补充作用。它的目的是在商品之外,用增加另外的商品或服务等来营造试用或购买的诱惑。

(五)直复营销

直复营销又称为直销,是指依靠产品目录、印刷品邮件、电话或附有直接反馈的广告以及其他相互交流的媒体所进行的大范围的营销活动。

与一般广告不同的是,直复营销广告是一种直接回应的广告。与一般营销广告相似,几乎各种媒介都可以为直复营销所用,只不过直复营销采用不同的使用方式和效果评价方式。典型的直复营销媒介主要有:直接邮购营销、电话营销、电视营销、整合互动营销、目录营销及网络营销等。

二、影响促销组合策略选择的因素

(一)促销目标

促销目标是企业从事促销活动所要达到的目的,它是影响促销组合决策的首要因素。企业促销目标主要有提高铺货率、扩大销量、新品上市宣传、减少库存、产品季节性调整、应对竞争、提高企业知名度及美誉度等。为实现不同的促销目标,企业应设计合理的促销组合。

(二)市场状况

不同的市场状况,有不同的销售特点,促销组合策略选择、运用也不同。

(1)促销组合应随市场区域范围的不同而变化。

规模小且相对集中的市场,应以人员推销为主;对于范围广而分散的市场,则应以广告宣传为主。

(2)促销组合应随着市场类型的不同而变化。

市场类型可分为消费者市场和组织市场两类,促销工具的有效性在这两个市场上有很大的区别。在消费者市场上,消费者是以满足自身需要而购买的一切个人和家庭,促销效果受销售促进的影响较大,广告宣传、人员销售和公共关系等方式的影响依次减弱;在组织市场上,消费者是以生产、再出售或执行某种职能而购买的中间商、企业、政府机构等组织,人员销售对促销效果的影响较大,而销售促进、广告和公共关系等方式的影响依次降低。

(3)促销组合应随市场上潜在消费者数量的不同而变化。

消费者数量少而集中,宜采用人员推销方式为主;消费者数量多而分散,宜采用广告宣传为主。

(三)产品的生命周期

在产品生命周期的不同阶段,消费者对产品的认知和态度有很大差别,因而各种促销工具的效果也有较大差异。

一般来说,在引入期广告宣传的效果较好;而在成长期向成熟期过渡及整个成熟期,销售促进的作用开始增大,广告宣传和人员推销的效果又有明显加强;在衰退期,除了销售促进的效果达到最高点以外,其他促销工具的作用都明显降低。产品生命周期各阶段的促销效果如图 3-8 所示。

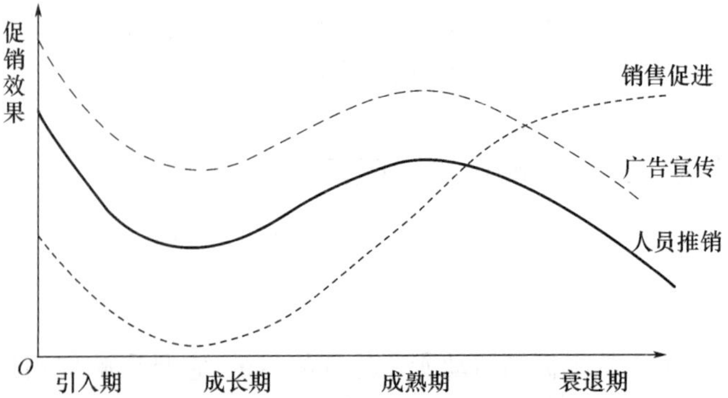

图 3-8　产品生命周期各阶段的促销效果对比

（四）购买决策的过程

在不同的购买决策阶段，不同的促销工具有不同的效果，如图 3-9 所示。广告和宣传在引起需要和收集信息阶段最重要，消费者了解产品主要受广告的影响；而在比较评价阶段消费者信任则主要依赖于人员推销；购买和购后评价与重复购买主要受人员销售和销售促进的影响，不过购后评价与重复购买阶段在一定程度上还受提醒性广告的影响。

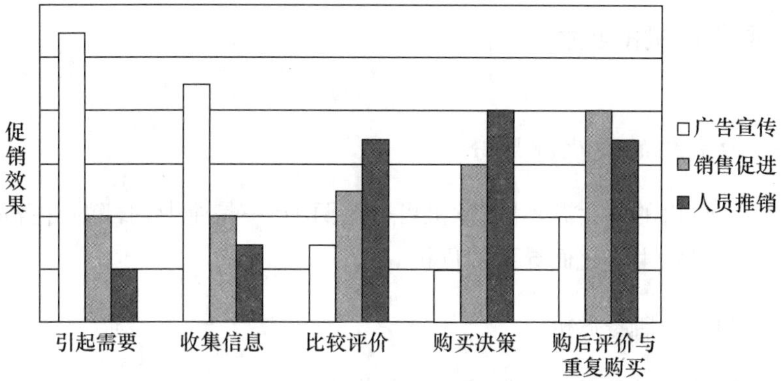

图 3-9　不同购买决策阶段的不同促销工具效果对比

影响促销组合策略的因素是复杂的，除上述因素外，企业的营销观念、销售人员素质、整体发展战略、竞争环境变化等也在不同程度上影响着促销组合的设计，营销人员应审时度势，全面考虑各种因素才能制定出比较有效的促销组合策略。

第三节　危机处理策略

在应对突如其来的危机时，有的企业缺乏相关意识，最终毁于一旦；有的企业则能很好地利用危机，将其化为契机，不但度过了危机，还促进了企业发展，提高了企业品牌形象。为使企业在危机中得以生存，策划人员必须树立危机意识，在相当有限的时间及人力、物力、信息资源约束下做出关键性决策和具体的危机应对措施，运用公共关系的原则和策略，及时、妥善、有效地处理各种危机，将危机所造成的直接经济损失降到最低水平，使企业经营转危为安。

一、企业危机的含义

危机是一种特殊情况，也是一种突发性事件，是由不平衡和混乱状态引发的。

企业危机也叫企业经营活动中的突发性事件,它是指严重威胁公众生命和财产安全,并产生严重社会影响的重大事故。这些事故和影响直接关系到企业的生存和发展。

企业危机实际上是企业发展过程中,因为若干方面的矛盾激化而导致的一种非常规的状态,和困难、灾难性事件不完全等同。企业危机是企业中已出现或潜在的危及企业生存与发展的因素,需要对自身进行有效的变革才能克服的非常规状态。

二、企业危机的类型

(一)按危机的发生源划分

根据企业危机的发生源不同,危机可分为两种,一是企业内部的自身危机,二是由于企业环境发生变化而导致的危机。

1. 企业内部的自身危机

企业内部的自身危机主要有以下几个类型。

(1)产品(服务)质量危机。

这类危机主要是由于所生产产品或所提供服务的质量、性能有问题及缺陷,从而导致危机,引起客户或消费者的强烈不满和抗议,甚至被政府管理部门责令停产的事件。产品质量危机是企业危机中最常见的一种。

(2)品牌危机。

现代商业竞争中,品牌发挥着重要的作用。著名品牌意味着高附加值、高利润、高市场占有率。如果企业被指控侵害他人名誉权或知识产权,将面临巨额赔偿;或者企业商标被对手抢注,就会严重影响企业的经营。

(3)企业内部管理或经营危机。

这类危机是由于投资、并购、体制、债务、供应或人事行政等决策管理因素造成的。

(4)公害危机。

由于企业的一些行为严重损害了自然环境、社会公共设施或违背了起码的社会公德,从而导致公众不满,企业形象受损。

2. 因企业环境发生变化而导致的危机

(1)因社会环境的变化而导致的危机。

这些危机主要有以下几种。

①市场危机，由于市场环境发生变化，竞争者增多、竞争对手营销能力加强或企业自身营销能力下降产生的危机。

②法律或政策危机，企业遭遇政策调整或法律上的制定及修改，从而导致危机发生。如我国颁布《直销法》，导致许多不符合规定的公司面临生存危机。

③媒体危机，因媒体曝光，或媒体报道失实使企业美誉度遭受考验，从而发生危机。

(2)人为制造的危机。

这些危机并不是真实存在的，而是一些别有用心的人刻意捏造的虚假信息。由于公众对事实并不了解，在这种危机被澄清之前，同样具有很大的危害作用，这就要求企业能够做出快速反应，查明事实，澄清真相，尽可能减少自身的损失。

(3)因自然界的因素而陷入危机。

不可抗拒的自然灾害(如地震、台风、洪水等)均可使企业陷入危机之中。

(二)按危机的危害性划分

除了根据危机的发生源来划分它的类型之外，还可以根据它的危害性来划分。从这一角度来说，危机事件基本上有两大类，一是重大事故，二是形象或信誉危机。

1. 重大事故

如果危机事件所带来的危害主要表现在人员伤害、生产或经济的直接损失上，则这类危机事件属于重大事故之列。重大事故不仅造成一定的经济损失，而且会损害员工的士气和组织形象，因此企业的策划人员必须予以高度的重视，在事故发生后，更应当沉着冷静。

2. 形象或信誉危机

形象或信誉危机是危机事件的另一种类型，它主要带给组织的不是直接的经济损失，而是形象损害和公共关系的恶化，导致组织的声誉下降，进而导致企业生存空间缩小、生存环境恶化等。这种危机看上去利润没有立即减少或者减少得不明显，但其影响和危害程度比重大事故还要深远，它是看不见的巨额性和持久性的吞食。

三、企业危机的特征

(一)突发性

危机的发生常常是人们无法预料的，它在人们防范意识薄弱的地方发生，并因此让人们措手不及。由于发生突然,容易使准备不足的企业手足无措,在慌乱之中决策失误,造成巨大损失。但突发性并不意味着人们对危机的发生毫无办法,只要企业正视危机,研究危机发生的条件及其变化规律,在日常工作中加强危机管理,就可以在很大程度上做好防止危机发生的准备工作,在危机发生时也能做到胸有成竹。

(二)两面性

两面性指危机事件的危害与契机并存。

不论什么性质和规模的危机,都必然不同程度地给企业造成破坏,影响企业的正常运转或生产经营秩序,带来严重的形象危机和巨大的经济损失,也会造成社会公众的混乱和恐慌,而且由于决策的时间以及信息有限,往往会导致决策失误,从而带来无可估量的损失。

但如果企业能很好地利用危机,将其化为企业的契机,不但度过了危机,而且还能促进企业的发展,提高企业品牌形象。危机的发生使企业成为信息源,得到媒体的关注和报道,而且会吸引消费者的眼球,成为他们关注的焦点,这样企业就掌握了营销的主动权。

(三)紧急性

危机一旦发生,就会在社会中迅速扩散开来,对社会造成严重的冲击。同时,它还会迅速引起社会各界的不同反应,令社会各界密切关注,若不采取有效的制止措施,就容易使整个组织形象彻底遭到破坏。因此,危机事件往往会给企业带来巨大的压力。一般来说,危机发生后,企业应当首先想方设法防止事态的进一步扩展,然后再采取具体而有效的措施修复和提高企业形象。自我保护居首位,修复和补救次之,提高再次之。

四、企业危机处理的公关策划

企业危机公关是指一个企业在面临危机事件时,所采取的一系列消除影响、恢复形象的自救行动和应对机制。企业危机公关是企业与社会沟通的行为,从动态来看,危机公关是一种活动,是一个企业为了争取公众支持,建立和维护优良形象而开展的公共关系活动。企业危机公关的核心是依据信息传播的科学原理,运用恰当的新闻和传播工具,在社会组织的内、外部建立双向信息沟通网络,从而不断改善组织的经营和管理,树立企业形象,赢得社会公众的信任与支持。

(一)企业危机公关的原则

1. 迅速反应原则

对于危机来说,发现得越早,越应当及时地处理。企业危机发生后,必须及时、全面、客观地发布信息,保持与各类消费者的双向信息交流,让广大消费者明白事实真相,争取理解、同情和支持。相反,如果企业反应迟钝,决策迟缓,在发生危机时,管理层不能迅速找到问题、了解问题、解决问题,将会导致挫折、误导,失去支持。因此,企业决策人不能害怕在危机中做出决策,在需要做出决策时不能有任何的迟疑。

2. 勇于承担原则

如果组织形象受到损害或组织与公众的关系不佳,要预先假定公众是对的,不要先问责任在谁。先承担责任,在今后的工作中就比较主动,易与公众进一步搞好关系。在企业危机中勇于承担责任最易得到社会公众的理解和支持,是处理危机最有效的公关原则。

3. 真诚坦率原则

一般情况下,任何危机的发生都会使公众产生种种猜测和怀疑,新闻媒体为了其自身的利益也将会有夸大事实的报道。因此,危机一旦发生,企业要想取得公众和新闻媒体的信任,应迅速查明企业危机的事实真相,采取真诚、坦率的态度向社会公布真相。尤其是随着现代传媒的发展,任何企图隐瞒真相的行为都是不太可能成功的,越是隐瞒真相,越会引起更大的怀疑。事实真相主要有三个方面:一是危机的基本情况,包括危机发生的地点和范围、基本原因以及危机发生的时间或发现的时间等。二是危机的后果,如人员伤亡情况,企业、公众财产损失程度,对企业生存和发展会出现哪些不利因素等。三是危机的现状,危机是否得到控制,如果得到控制,有哪些特别措施;如果危机还在发展,将采取什么对策,以及是否会引起新的危机。

4. 真诚原则

如果危机主要起源于社会组织自身的原因,应当果断地改正错误,才能真正减轻“病症”,因为真诚是危机公关至高无上的原则。如果危机来自外部的原因,应及时公布真相,揭露事件的秘密,让公众对组织产生信任感。

5. 因势利导原则

危机一旦发生,就有迅速扩展之势,它通常会广泛引起公众的极大关注。这本身是坏事，然而它又是最佳的公共关系契机，公众注意使企业一下子成为瞩目的焦点，因此企业必须抓住这一难逢的契机，将公众舆论引导过来，化不利为有利。

（二）企业危机公关的策划

1. 及时处理危机

出现危机后，处理危机要果断行动，力求在危机损害扩大之前控制住危机。如果初期反应滞后，将会造成危机的蔓延和扩大。危机发生后，企业应当成立危机处理小组，迅速做出反应，冷静处理，采取有效的措施应对危机，不让事态继续蔓延，并迅速找出危机发生的原因，进行化解处理，以最快的速度启动危机应变计划。危机处理小组的职责有两个方面，一是了解危机产生的真正原因，二是处理危机。

为增强公众对企业的信赖感，企业可邀请权威机构（如政府主管部门、质检部门、公关公司）和新闻媒体参与调查和处理危机。在处理危机时，应针对具体问题，随时修正和充实危机处理对策。

2. 成立危机新闻中心

完善的危机新闻中心就是一种专门的信息管理机构。建立有效的信息传播系统，做好危机发生后的传播沟通工作，争取新闻界的理解与合作，这是妥善处理危机的关键，此时，良好的信息管理机构的建立就成为必需。24 小时服务的危机新闻中心具有危机公关中信息的搜集、发布、传播、反馈等功能，它将企业内部的信息搜集起来，掌握第一手的材料，从而建立一个动态的信息库，随时接受媒体和公众的访问，不间断地满足企业外部公众与媒体的咨询需求。

3. 主动与新闻媒体沟通

除了做好企业组织内部接待新闻媒体的准备工作外，企业应主动与新闻媒体沟通。在危机发生而事故真相尚未查明前，企业可先向媒体提供背景材料，介绍发生危机的初步情况和企业为此已采取的诸种措施，以及与事件相关的材料，以求占领舆论阵地。危机发生之后，新闻媒体的采访是必然的，与其被动行事，不如自己主动。在确切了解危机的真正原因后，应通过召开新闻发布会以及使用互联网、电话、传真等形式向社会公众告知危机发生的时间、地点、原因、现状、问题、公司目前和未来的应对措施等内容，通过各种新闻媒体让公众了解相关情况，掌握宣传报道的主动权。但企业与新闻媒体沟通时要注意统一信息传播的口径，发布的消息要准确，以免造成公众的疑虑和不满，损害自己的企业形象。

4. 修正错误

如果因企业自身的过错而导致危机，公共关系的关键就要放在修正错误上，争取公众的宽容和谅解。既然错误在自身，不管是有意还是无意，企业都应当采取积极主动的态度，将问题准确归位，主动承担责任，迅速纠正错误，与当事人沟通并求得谅解。认真听取公众的批评，体现诚意，巩固公关成果，恢复双方的信任感。

5. 消除误解

消除误解，即消除由于某种原因所引起的公众对企业的误会，恢复组织的真实形象。沟通不及时或不合时宜、传播的中间环节出现故障、传播者本身失误、信息不完整、公众理解发生偏差、从众或受他人影响等原因，都可能使信息在传递中出现失真，造成公众对企业的误解，从而损害企业的信誉度，给企业带来信誉危机。所以，面对公众的误解，公关人员应该及时消除误解，防止误会扩散。如果误会链已经形成，应找到误解源头对其首先沟通，然后逐渐消除误会链；选择好沟通时机，及时主动地沟通，传播信息，并注意公众的反馈。

五、企业营销策划中的危机处理

（一）危机处理的管理体系

从具体操作的角度来看，危机营销依托于完整的危机处理的管理体系，这个体系包括了以下五个方面的内容。

1. 危机规划

营销管理人员必须经常审视和回顾消费者的需求、期望值，这些都是确定危机管理过程的重要指标。

2. 危机评估

危机评估是指辨别和分析危机。营销管理人员应该能正确地评估危机的范围，全局的、局部的、区域的，还是产品的、流通的，并分析出危机的严重程度和可能造成的损失。

3. 危机处理

营销管理人员正确地评估了危机的范围和程度后，就可以决定如何来处理危机，是利用手段，还是通过终端、宣传。

4. 危机监控

营销管理人员应该对危机处理的过程进行监控，根据情况变化及时改变危机处理方案。

5. 危机总结

应该说，危机总结是危机营销流程中最重要的一环，只有对危机发生和危机处理的全过程进行记录和总结，企业才能真正做到化“危”为“机”。

（二）危机处理的管理策划

危机处理的管理策划是现代企业对生产经营过程中可能产生的风险因素，采取预防或消除措施，以及在危险发生后采取弥补措施的科学计划。危机处理的管理策划的本质是运用管理原理处理有关各种资源和组织的活动，以使这一组织及其周围的意外损失降低到最低限度。它包括对事故发生后损失的处理，同时还包括事故发生前对损失的防止和控制。

尽管危机可能千变万化，但企业可以制订危机管理计划，以便在任何时间（不论白天或黑夜）都能对任何“灾难”采取相应的对策。美国管理学者理查德 · 达夫特把危机管理分为三个基本阶段（表 3-3）。预防阶段包含了管理者为了防范危机发生或者察觉潜在危机的预警信号而采取的行动；准备阶段包括危机事件发生时处置危机的所有详尽方案；遏制阶段强调组织对实际危机的反应以及后续的关注点。

表 3-3　危机管理的三个基本阶段

阶段	具体工作
预防阶段	●建立联系 ●洞察来自环境的信号
准备阶段	●组建危机管理团队并指定发言人 ●制订危机处理的管理计划 ●建立有效的沟通系统
遏制阶段	●快速反应：启动危机处理计划 ●披露残酷的事实真相 ●满足安全和情感需要 ●恢复营业

1. 预防阶段

从某种角度上可以说,危机防范胜于危机处理,“防患于未然”是危机处理的最重要的原则,也是最主要的部分。对于不可避免的危机,要在思想上、意识上敲响警钟。有些危机(如重大自然灾害、疾病等)具有突发性和不可预知性,有些危机却可能源于企业日常生产和经营活动中不足或失误等自身原因的积累。

企业在日常经营运作中对薄弱环节或潜在危机应足够重视,同时可对员工进行危机管理知识培训,并进行演练,提高员工对危机事件发生的警惕性。预防阶段关键是与员工、顾客、供应商、政府、工会和社区等重点利益相关者建立关系,建立良好的关系后,管理者往往可以防范危机的发生。同样,如果组织在公众的心目中是可靠而著名的公司,那它也能够化解大量的危机,并对那些不可避免的危机做出更有效的反应。与员工、顾客及其他利益相关者坦诚沟通,会使组织和利益相关者群体更好地相互理解,互相尊重。比如与员工和工会有着坦诚的信赖关系的组织可以避免一触即发的劳工罢工。

2. 准备阶段

准备阶段包括组建危机管理团队并指定发言人,制订详细的危机处理的管理计划,建立有效的沟通系统。

如发生灾难事故,企业应建立危机管理团队,指定发言人。危机爆发后,很多新闻单位会派记者采访,针对他们提出的各种问题,企业发言人的回答会被转换成技术性语言传播出去。正式发言人一般可以安排总经理或其他主要负责人担任,因为他们能够准确地回答有关企业危机的各方面情况。但是,如果危机涉及技术问题,那么就应当由分管技术的负责人来回答;如果危机涉及法律问题,企业的法律顾问就是最好的发言人。新闻发言人应遵循公开、坦诚、负责的原则,以低姿态、富有同情心和亲和力的态度来表达歉意、表明立场、说明公司的应对措施。对不清楚的问题,应主动表示会尽早提供答案;对无法提供的信息,应礼貌地表示无法告之并说明原因。在许多情况下,发言人是组织的最高领导者。组织一般委派不止一名发言人,以便最高领导人没有空闲时其他人可以做好准备。

危机处理的管理计划应该详细地以书面方式说明出现危机时将要采取的步骤以及由谁来实施,并为急救人员和保险公司等外部机构以及危机管理团队的成员提供完整的联络信息。危机处理的管理计划的内容包括保证员工及顾客安全的计划;备份文件和恢复计算机系统的程序;保护私有信息的程序;如果人员需要疏散,应该如何组织的详细说明;备用工作场所规划;应对媒体及其他外部通信机构的方针。危机处理的管理计划需不断修订,并根据需要定期进行审查、落实和更新。

危机处理的管理计划的主要部分是沟通计划，沟通计划确定危机指挥中心，并建立完整的沟通与通信系统。指挥中心是危机管理团队开会、收集数据并监控收到的信息以及向媒体和公众发布信息的场所。沟通计划还应该选定备用的通信中心，以防主要中心被破坏，并包括各式各样的通信方式的使用规划，比如免费的呼叫中心、因特网与内部网通信、必要时数据通信的改道发送规划。此外，所有员工应有多种方式与组织联络，并汇报危机发生以后他们的下落与状况，组织也应有多种多样的方式与员工联系，并通知他们环境条件及计划的变化情况。

3. 遏制阶段

不论组织的准备工作如何充分，有些危机都是不可避免的。危机到来时，快速反应是至关重要的。危机管理团队应该能够立即启动危机处理计划，对危机事件做出迅速反应，缩减危机损害。当危机爆发时，企业应该迅速采取措施，斩断危机破坏性影响的传播链。比如遇到产品质量危机时，应及时收回所有的问题产品，迅速通知所有潜在的消费者并向公众说明事实真相，这样可以缩减危机的损害程度。另外，组织应该尽快向员工和公众披露真相。

第四章　市场营销策划的创新理念

第一节　体验与服务营销策划

一、体验营销策划

（一）体验营销的概念

体验营销是从消费者的感官、情感、思考、行动、关联五方面重新定义、设计营销理念。体验营销更清楚地掌握消费者所有消费行为，更关注消费者购物前、中、后的全部体验。当前，立足于体验的商业形态在国外已经非常流行，我国企业对客户体验越来越重视也预示着体验经济即将在我国蓬勃发展；同时，体验营销模式也成为各大企业争相采用的营销模式。

（二）体验营销的特点

体验营销旨在创造美好的、值得回味的顾客体验，它与传统营销相比较在观念上存在较大的差异（表4-1）。传统营销就其本质而言是一种"产品功能特色与益处"的营销，往往狭义定义产品类别和竞争类型，把一种产品与同类产品相比较，由此找到针对消费者而言的产品的特点，寻求能给消费者带来的益处。基于传统营销的观点，消费者都被假定为理性的信息处理者，产品的特色和益处作为横轴，产品品牌作为纵轴，就此构成了信息处理系统，消费者借此处理各种信息，衡量和评价每种产品品牌所表现出来的特色和益处，计算每种品牌的整体效用，然后进行比较与分析，最后运用计算公式做出决策。源于传统营销的观念，企业的营销主管、营销顾问及营销研究者，耗费了巨大的时间和精力研究回归分析、定位图、对应分析和组合分析，其目的在于找到测量功能特色和益处的参数及其相关的重要权数，得到最终的输出结果。现代经济条件下，营销环境发生根本转变，大多数消费者面对潮涌般的、琳琅满目的商品早已眼花缭乱、习以为常，他们把商品的功能特色与益处和产品质量，看作理所应当的事情，甚至对那些通过强行宣传推广的、具有品牌特色的商品也没有留下深刻的印象。当今，消费的依据在于商品是否符合人们的生活方式与节奏；产品是否象征时代的潮流，体现时代的观念;产品的使用过程是否为一种激动人心、令人向往的体验。当产品在功能与特色益处方面相差无几时,产品的体验价值就成为营销的关键。

表 4-1 体验营销观念与传统营销观念比较

传统营销	体验营销
着力于产品功能上的特性与利益	着力于顾客的体验过程
视客户消费为理性决策	视客户消费为理性决策和情感决策
关注于产品细分及其在竞争环境中的定位	关注于社会经济背景下消费体验的价值

1. 关注顾客的情感需求

体验的产生是一个人生活遭遇、经历的结果。企业体验营销活动应站在顾客体验的角度审视自己的产品和服务,注重与顾客之间的沟通,发掘客户情感的渴望。

通过对"顾客体验"的形象描述,可以进一步理解体验营销的内涵:当顾客十分口渴的时候,过去的厂商可能就是给顾客一杯水,而不管顾客是希望喝白开水还是矿泉水或是可乐,顾客体验就是不仅要满足顾客口渴要喝水的需求,还要满足顾客对水的喜好和偏爱,即让顾客在接受商品时,能体验到企业对自己理解、尊重和体贴的情感。

2. 以顾客体验为导向,设计、制作、销售产品

体验是源于某种刺激过后而产生的内心反应,刺激物也许是直接消费的有形产品,也许是无形产品,无论是真实的还是虚拟的,重要的是能够满足人们的某种心理需要。

3. 顾客体验的萌发需要"触景生情"

在信息时代,只有那些能够真正刺激顾客大脑与心灵,并且进一步将其融入生活模式的体验,才会使顾客内心深处感受到强烈的震撼,才能真正博取顾客的心智,得到其理解、支持和合作。企业的营销人员不能孤立地思考产品的品质特点(质量、包装、功能等),要通过各种手段和途径(娱乐、店面、人员等)创造产品的一种综合效应,以增强消费体验,还要跟随社会文化消费向量(Sociocultural Consumption Vector,SCCV),思考消费所表达的内在的价值观念、消费的社会文化背景和现实意义;设计必要的消费情境,参照各项关联因素,扩展产品外延,在较为广泛的社会文化背景中丰富产品内涵,由此引发消费者的体验。

顾客既是理性的又是感性的。一般而言,顾客在消费时要做出理性的选择,但是也会有狂想、有冲动的表现,也有对感性的追求。企业不仅要从顾客的理性角度开展营销活动,而且也要考虑到顾客感性方面的需要。例如,某建设公司运用现代信息技术开发出一种系统,可以让顾客在住房动工前就对竣工后的住房进行一番体验。该系统利用电脑绘图软件设计出房间布局和天花板高度等数据,制作出遐想的住房内部画面,只要戴上一副特制的眼镜,就可以通过三维立体画面,从各个角度全方位观看住房内部与外部的情况,顾客不仅可以了解住房的整体布局和家具陈设的效果,还可以了解阳光照射、夜间照明、地板和墙壁的颜色等情况。除此之外,如果把新建筑四周的房屋、院墙、栅栏、道路和树木等数据输入系统,顾客还可以看到入住后的窗外景致,让其先"住"为快,产生难以忘怀的体验。

4. 体验营销要有一个"主题"

体验营销要先设定一个精炼的"主题",这是体验营销关键的一步。体验营销从一个主题出发设计若干"主题道具"。例如,一些主题博物馆、主题公园和主题游乐区域等,或以主题为导向设计一场活动。"体验主题"并非随意出现,而是营销人员精心策划的结果,如果是消费者个体"误打误撞"的体验,则不是体验营销所为,体验营销是企业能动的营销管理过程,要围绕着一个主题进行严格的计划、实施与控制,并非仅在形式上符合消费感受而已。

5. 体验媒介繁多、方法别样

体验通常不是自发而是诱发的,诱发并非是指顾客在体验过程中是被动接受的,营销人员在体验过程中必须运用体验媒介触动顾客,引导其体验的产生。体验又是非常复杂的,没有两种完全相同的体验,人们只能通过既定的标准,将体验区分为不同的形式,由于体验媒介种类繁多、方法独特别样,企业需要考虑适宜的体验媒介,为顾客提供适当的体验形式,在体验工具与体验方法上不断推陈出新,增强体验营销的效果。

(三)体验营销策划的主要策略

1. 强化消费者对产品品牌的体验策略

产品不仅需要有好的功能和质量,而且要有能满足消费者视觉、触觉、审美等方面的感官质量。现在消费者对产品质量的期望值越来越高,某一个细节的缺陷,便会影响消费者的购买和使用感知,从而不利于产品的销售,因此,要密切联系消费者,对产品品牌在附加体验或去除不良体验方面大做文章。

2. 以事件营销强化消费者的体验策略

事件策划的指南是:体验就是企业以服务为舞台,以商品为道具,以消费者为中心，创造能够使消费者参与、值得消费者回忆的活动。体验和互动是策划重点。

3. 运用互联网推行营销的体验策略

互联网网络环境可以推动消费者体验价值更充分地展现。借助网络，企业既可持续了解客户的想法和需求，又可在进行的价值交换中与客户更紧密和及时地互动。消费者则有更大的热情和兴趣参与互动，电子游戏的火爆就是一个很好的证明。

4. 打动消费者广告传播的体验策略

由于广告的传播范围广，优秀的体验广告更能吸引目标消费者，因此可以达到产品销售的目的。在广告中特别主张述说目标对象珍贵的、难以忘怀的生活经历、人生体验和感受，以唤起并激发消费者内心深处的回忆，同时赋予品牌特定的内涵和象征意义，建立目标对象的联想，通过广告与生活经历的共鸣作用而产生效果和震撼。侧重选择的体验主题内容是：爱情、童年回忆、亲情等。

（四）体验营销策划的操作步骤

1. 分析顾客需求

顾客体验是多方面的，主要有娱乐式体验、教育体验、审美体验和逃避现实体验等，策划人应该充分利用顾客数据库，加强对顾客心理需求和内心感受的分析，关注顾客内心变化的细节，不错过创造体验的机会。

2. 设计体验主题

体验主题是把体验活动概念化，便于消费者对体验活动快速有效地理解和记忆。体验主题必须是体验活动价值的高度概括，同时是企业形象和品牌的反映。体验主题一旦设立，体验环境与体验活动都必须围绕主题来展开。

3. 传播体验信息

体验信息的传播同样需要融入体验的功能理念，考虑到消费者每天要面对成千上万的信息，企业应该利用有效的媒介，如互联网、报纸、DM 广告、杂志等来传播信息，传播形式可以是通过一段故事，或者一段场景来引出对体验活动的介绍。在传播过程中要注意传播的一致性，共同诉求一个主题、构建一种氛围。

4. 设置体验环境

创造终端体验环境对企业至关重要，它直接影响到消费者的最终购买决定。

进行精心的体验场景设置，要求企业从顾客的感官（视觉、听觉、嗅觉、味觉和触觉）角度来营造合乎主题的某种氛围。

设置体验环境不仅要考虑硬件的构成，更要注重服务人员的培养。服务人员往往在传递体验价值上扮演着重要的角色，人员的衣着、语言、表情、动作以及态度都会对顾客购物体验产生巨大的影响。服务人员给顾客的感觉应是温馨的，是合乎整个体验活动的。

5. 组织体验活动

组织体验活动的目的是让消费者参与进来，通过活动来激发消费者内心深处的情感。虽然企业的促销活动铺天盖地，但是手段都是诸如打折、抽奖、积分之类，重复简单地使用使得消费者对这些活动兴趣减小，或者变成了单纯地追求物质利益。体验活动则是注重消费者情感、注重参与过程的活动。

（五）体验营销策划的设计方法

体验营销策划主要有以下几种设计方法。

1. 娱乐式体验设计方法

消费者对娱乐有着特殊的追求和喜爱，许多去游乐园的消费者，常常是宁愿节约路费，也要把钱花在玩乐上。在购物消费中，消费者也越来越要求愉悦的享受。他们希望自己每次外出消费，都能享受愉快的经历。这要求企业不仅要通过商品的组合来吸引顾客，而且要考虑在传统的服务之外增加娱乐活动，通过娱乐刺激顾客的感官，促使消费者在商场内快乐地体验并且消费。

2. 主题式体验设计方法

为了达到更好的体验营销效果，不少企业干脆将大型商场改造为主题公园式休闲活动场所。企业全面围绕着一个中心体验主题来组织商品与服务，这个中心主题可以是快乐，是刺激，或者时尚，可以通过音乐、电影、某种动物、某个人物或某种环境等表现出来。

3. 融合式体验设计方法

零售业与餐饮业的融合是一种常用的方法。许多大型零售企业在商场内建造餐厅，为顾客提供餐饮服务，以便吸引更多顾客，延长顾客逗留时间，而坐在商场餐厅里悠闲就餐的顾客，望着旁边热闹的购物景象，很可能产生购物或再次购物的欲望；而在餐饮店内进行商品销售，不仅可增加餐厅的利润，而且也可促进食品和饮料的销售，增强餐厅的竞争实力。

4. 业务式体验设计方法

体验业务不同于依附在产品或服务之中的体验。虽然体验业务的生产离不开产品或服务，但此时体验才是企业真正要出售的东西，产品或服务只不过是辅助手段。体验业务不仅存在于影视、艺术、体育、旅游等行业，其他行业的企业也可以充分发挥想象力，创造出全新的体验业务，以满足人们多重的、不断上升的体验需要。

二、服务营销策划

（一）服务营销的概念

服务营销是企业在充分认识消费者需求的前提下，为充分满足消费者需要在营销过程中所采取的一系列活动。服务营销从两个角度切入：一是研究服务业的整体市场营销活动；二是研究实物产品市场营销活动中的服务。不管哪类服务行业或企业，其市场营销行为均是服务营销的研究对象。

同传统的营销方式相比较，服务营销是一种营销理念，企业营销的是服务，而传统的营销方式只是一种销售手段，企业营销的是具体的产品。在传统的营销方式下，消费者购买了产品意味着一桩买卖的完成，虽然它也有产品的售后服务，但那只是一种解决产品售后维修的职能。而从服务营销观念来理解，消费者购买了产品就意味着销售工作的开始而不是结束，企业关心的不仅是产品的成功售出，而且更注重消费者在享受企业通过产品所提供的服务全过程的感受。随着社会的进步、人民收入的提高，消费者需要的不仅仅是一个产品，更需要的是这种产品带来的特定或个性化的服务，从而有一种被尊重和自我价值实现的感觉，而这种感觉所带来的就是顾客的忠诚度。服务营销不仅仅是某个行业发展的一种新趋势，更是社会进步的一种必然产物。

服务营销的核心理念是顾客的满意和忠诚，即通过取得顾客的满意和忠诚来促进相互有利的交换，最终获取适当的利润和公司长远的发展。

服务营销的重点是在功能研究上，即提出了以关注服务功能、突出服务功能为中心的企业营销，而不是仅仅把它解释为服务业的营销。随着经济的发展、时间的推移，行业间的界限将愈加淡化，服务营销功能化的作用正不断凸显，产品的价值范畴也随之不断扩大。

依托服务争取竞争优势的原因在于：市场供大于求已是必然；产品功能的趋同及差异性的缩小；通过服务的附加值可强化竞争优势，延长产品的生命周期；产品的技术或营销方式的特征优势是短暂的，易被竞争对手模仿。

(二)服务营销的特点

与实物产品比较,服务产品有不可感知性、不可分离性、差异性、不可储存、所有权缺位等特征,服务产品的特征决定了企业服务营销有以下不同于实物产品营销的种种特点。

(1)服务营销以提供无形服务为目标。

(2)服务的不可分离性决定了服务产品的消费与服务产品的提供是同时进行的,也就是服务的消费者要直接参与服务的生产过程,并与服务提供者密切配合。

(3)服务的差异性导致同一服务者提供的同种服务会因其精力和心情状态等不同而有较大的差异,同时消费者对服务本身的要求也参差不齐,这就使得服务营销工作稳定性差。

(4)由于大多数服务的无形性以及生产与消费的同时性,需要解决产品供需在时空上分布不平衡的问题,因此要调节供需矛盾,实现供需平衡。

(5)服务的所有权缺位决定了在服务的生产和消费过程中不涉及任何实体的所有权转移。

(三)服务营销的原则

服务营销是一种通过关注顾客,进而提供服务,最终实现有利交换的营销手段。实施服务营销首先必须明确服务对象,即“谁是顾客”。如饮料行业的顾客分为两个层次:分销商和消费者。对于企业来说,应该重视所有分销商和消费者,为其提供优质的服务。通过服务,提高顾客满意度和建立顾客忠诚度。对于厂家来说,有鉴于饮料行业的营销模式,分销商占据举足轻重的地位。厂家的利润来自全国各省市的分销商,分销商具有左右市场需求的力量。因此,主要精力是处理好与各地分销商之间的关系,建立合作、友好、互利的伙伴关系。要知道他们是企业最大的财富,失去了他们,企业将一无所有。

企业必须坚定不移地树立服务客户的思想,认清市场发展形势。企业所做的一切,都要以消费者的需求为最终的出发点和落脚点,通过分销商将工作渗透到消费者层次上。从源头抓起,培育消费者满意度和忠诚度,坚持为他们提供一流的产品、一流的服务。一来这能体现企业对产品的负责、对分销商的负责、对消费者的负责;二来可以加强沟通,增加公司吸引力,提高竞争力,与客户共同进步,共同得益,实现厂家、分销商、消费者的“多赢”。

作为服务营销的重要环节,“顾客关注”工作质量的高低,将决定后续环节的成功与否,影响服务营销整体方案的效果。

(四)服务营销的内容

针对不同的服务内容,采取积极有效的方法,才能取得较高的客户满意度。

与此同时,服务营销的内容也正随着市场经济的发展不断革新。以顾客忠诚度为标志的市场份额的质量取代了市场份额的规模,成为公司的首要目标。通过客户链,公司将产品的触角伸向市场的各个角落。客户满足不能是教条的,即不能只唯客户所需,必须将客户需求同公司的目标结合,权衡考虑。在两者发生矛盾时,要合理运用营销技巧,将负面影响降到最低。服务内容要不断创新。营销人员要意识到其实服务的内容就在我们身边。可以通过分析产品从厂家到最终消费者的各个环节,结合角色转换的方法,就每个环节可能出现的需求与客户沟通,确认服务的可行性。

服务营销的内容一般包括以下几个组成部分。

(1)产品服务。

为分销商举办产品介绍会和培训销售人员,使他们深入了解公司产品和经营宗旨。

(2)销售服务。

帮助分销商改进销售方法。

(3)管理服务。

协助分销商拥有现代化的信息处理与沟通手段,提高经营管理水平。

(4)宣传促销服务。

帮助分销商吸引客户、扩大销售等。

(5)售后服务。

处理由于产品或服务引起的任何问题。

(五)服务营销策划及其内容

服务营销策划是一项整体性的活动,是指企业为了达到一定的服务营销目标,在综合分析企业内、外部环境的基础上,对实现目标所需的策略、战略和详细计划加以定义并进行控制和反馈的过程。如果一个服务企业希望在一个竞争性的环境中生存和发展下去,它就需要设定一套营销目标,并明确地认识组织目标目前所处的位置和希望到达的未来位置,以及如何从目前位置到达期望的未来位置,这便需要服务营销策划。

服务营销策划内容主要有以下几点。

1. 优质服务策划

服务质量是一个主观范畴,它取决于顾客对服务的预期质量和实际体验质量(即顾客实际感知到的服务质量)之间的对比。在顾客实际体验质量达到或超过预期质量时,顾客就全满意,从而认为企业的服务质量较高;反之,则会认为企业的服务质量较低。

顾客感知的服务质量包括技术质量和功能质量两个方面。技术质量是指服务过程的产出,即顾客在服务中所得到的实质内容,如商品零售企业的环境服务为顾客提供的安全、舒适、愉快的购物体验,商品服务使顾客获得质优价廉的商品,维修服务使顾客重新获得商品的使用价值。它也包括服务过程中使用的技术性方法、设施、器械、电脑化系统等硬件要素。技术质量可以通过比较直观的方式加以评估,顾客也容易感知,从而成为顾客评价服务好坏的重要依据。功能质量则是指服务的技术性要素是如何传递的,即服务的生产过程,包括服务人员的态度与行为、企业的内部关系、服务人员外貌仪表、员工与顾客的接触等要素。有些服务,顾客无法感知其功能质量,如餐馆的采购、加工、烹饪过程,因顾客并不参与这些作业过程,所以就只能感知其结果,即技术质量。

上述顾客服务质量与决定它的顾客预期质量和实际体验质量三者之间的关系,可以用一个函数表示:服务质量分数 = 实际感受分数 - 期望分数。这是巴拉苏罗门、西斯姆和贝瑞建立的服务质量管理模型。该模型涉及顾客评价服务质量的五个标准,即可感知性、可靠性、反应性、保证性和移情性。

(1)可感知性是指服务的有形部分,如服务设施、服务人员的外貌等,它们一方面为顾客认知企业的无形服务提供了有形线索,另一方面其本身又构成顾客服务的内容,直接影响顾客对服务质量的感知。

(2)可靠性是指企业独立准确地完成所承诺服务的能力。可靠性实际上是要求企业在服务过程中信守承诺,避免出现差距。这是服务质量的核心,也是有效的服务营销的基础。

(3)反应性是指愿意随时帮助顾客并提供快捷、有效的服务。研究表明,在服务过程中顾客等候服务的时间是个关系顾客对服务的感知、企业形象和顾客满意度的重要因素。

(4)保证性是指服务人员的知识、友好态度以及激发顾客对企业的信心和信任感的能力。当顾客同一位友好、知识丰富的服务人员打交道时,他会认为自己找对了公司,从而获得信心和安全感。

(5)移情性是指公司站在顾客立场给予顾客关心和个人化服务,使整个服务过程更加人性化。

服务过程是由一系列前后相继、相互制约的行为构成的。在服务过程中,从决策者对顾客期望的认知到服务质量的规范化,再到服务信息向顾客的传递以及服务的实际执行,服务组织内部存在着四个明显的差距。这些差距极大地影响着顾客对服务质量的感知,因此,理解这些差距形成的原因及其对服务质量的影响程度,是十分必要的。

(1)差距1:顾客对服务的期望与服务提供者认知之间的差距。

服务企业的管理人员可能并不确切知道顾客对服务质量的期望,因此管理人员认为的顾客期望可能与顾客的实际期望之间存在差异。这种差异的大小是由三个因素造成的。

①市场调查。服务企业对市场调查及其他一些不能带来直接利润效果的营销工作往往重视不够,特别是一些中小服务企业,在确定了经营方向、目标市场、服务范围及价格水平等设计质量之后,几乎从来不做市场调查。在他们看来,由于顾客参与服务过程,因此,只要“操作”出色,顾客就会满意。这种操作导向的服务观念偏离了顾客服务这个中心,使管理者不可能真正理解顾客的期望和要求。

②内部纵向沟通,即从服务执行人员一直到企业最高管理层之间的沟通。服务执行人员与顾客直接接触,最了解顾客的需求和期望,他们掌握的信息要向上逐级传递,直至到达企业最高主管。在这一沟通过程中,只有保证信息渠道的健全畅通,才能使负责决策的管理人员及时、准确地掌握完备的信息,从而对顾客的服务期望做出准确的判断。

③管理层次。在服务执行人员与最高主管之间的中间管理层次及其管理人员,既是信息的接受者又是信息的发散源。中间管理层次与人员越多,沟通就越困难,沟通效率就越低,其间的信息丧失率和错误率就越高。

(2)差距2:服务提供者对顾客期望的认知与服务质量规范之间的差距。

服务企业在制定具体的服务质量规范时,会因为质量管理、目标设定、任务标准化和可行性这几个原因,使管理者对顾客服务期望的认知无法充分体现在所制定的服务质量规范上。

①服务企业会因为缺乏全面、系统的服务质量管理而使差距加大。许多服务企业容易把管理重点放在节约成本、短期利润等易于测量且效益明显的目标上,而对服务质量管理缺乏必要的重视,致使服务质量管理水平较低。

②目标设置。目标设置是一个组织存在的前提,它不仅有利于提高组织和个人的行为水平,而且有助于组织的全面控制。大量的事实表明,能提供优质服务的公司都有一套明确的目标。顾客服务目标需要完整地反映在企业的服务质量规范之中,并以这些目标作为服务质量控制的依据。

③任务的标准化。对顾客期望的认知向服务质量规范的转化程度还取决于任务的标准化过程。有效的任务标准化工作将有助于缩小这一差距,否则可能使差距进一步扩大。而且通过服务的标准化,使服务行为有统一的标准,将有助于企业进行有效的质量控制和管理。对服务的标准化主要依靠各种技术来实现,如用机器设备取代人员服务,改进服务操作方法,对员工进行标准化培训等。但服务任务的标准化是有限制的,任务的标准化决不能搞“一刀切”,而只能对那些常规性的服务项目和环节特别是顾客不参与的服务过程进行标准化。

④可行性问题,即满足顾客一定的服务期望在经济上和技术上是否合理可行。如果管理人员认为顾客的服务期望在本公司无条件满足,那么对顾客期望的

认知与服务质量规范之间的差距就会加大。

(3)差距3:服务质量规范和服务提供者实际行动之间的差距。

当服务提供者不能够或不愿意严格按照服务质量规范提供服务时,这种差距就产生了。由于它是在服务表现过程中形成的,因此也被叫作“服务表现差距”。影响服务表现差距的因素包括服务意识、团队协作、员工胜任程度、技术胜任性(公司的技术和设备水平满足一定服务质量要求的程度)、现场控制、跟踪控制、角色冲突和角色模糊等。

(4)差距4:服务提供者的实际行动与服务提供者沟通之间的差距。

服务组织在广告和促销中做出的服务承诺与实际提供的顾客服务之间的差距,往往是由于企业与顾客间的沟通发生差错或者过分夸大其承诺、滥许承诺造成的。服务提供者向顾客传递的信息会影响顾客的预期,当这种预期得不到满足时顾客就会失望,从而导致公司的形象受损。为了缩小这种差距,一些服务企业采取了低“姿态”的营销沟通办法。因此如果能适度降低顾客的服务预期,实际上就等于相对地提高了顾客的体验质量。

2. 服务价格策划

有形产品的价格是产品价值的货币表现,那么我们就可以认为服务的价格是服务价值的货币表现。有形产品是可见的,它的质量、外观是可感知的,其价值也是可衡量的,具有客观性。而服务是无形的,顾客感知的服务质量,它是人的主观能动感受,而这一感受又因人而异。所以,为服务定价,不仅要考虑成本、需求和竞争因素,更要注重顾客的感知服务质量,这就要求做好服务的有形化,使顾客的感知服务质量趋于一致。

服务业的特征对服务产品的定价有着很大的影响。在不同的服务形态和市场状况中,这些特征所造成的影响也不同。因此,制定服务产品的价格,除了要考虑成本、需求、竞争因素,还必须考虑服务业的特征(表4-2)。

表4-2　服务特征对服务定价的影响

服务特征	对服务定价的影响
无形性	使得顾客在购买服务产品时,不能客观地、准确地检查无形无质的服务,这使服务产品的定价远比有形产品的定价更为困难
不可存储性	使服务的供求始终难以平衡,产生了不同时期有差别的服务产品价格
需求的不稳定性	顾客往往可以推迟消费某些服务,甚至可以自己来实现某些服务的内容,类似的情况往往导致服务卖主之间更激烈的竞争

续表 4-2

服务特征	对服务定价的影响
服务的同质性	一方面,服务使价格竞争更加激烈。一般而言,越是独特的服务卖方越可以自行决定价格,只要买主愿意支付此价格。另一方面,服务质量具有很高的差异性,服务与服务之间没有统一的质量标准供做比较
不可分性	使得服务受到地理因素或时间的限制。而且消费者也只能在一定的时间和区域内才能接受服务,这种限制加剧了企业之间的竞争,也直接影响到服务的定价水平

3. 服务渠道策划

由于服务具有不可分性,因此服务渠道的策划和产品渠道的策划有较大区别,服务渠道的策划较少考虑渠道结构,而主要着手服务渠道和服务位置选择(表 4-3)。

表 4-3　服务渠道及位置选择

服务渠道选择	直销渠道 经由机构的分销渠道 创新服务分销渠道	无中间商 代理、代销、经纪人、批发商、零售商 租赁服务、特许经营、综合服务、准零售化
渠道位置选择	与位置无关的服务业 集中的服务业 分散的服务业	如移动通信服务 如中心医院、学校 如上门维修

4. 服务促销策划

服务业的促销活动与产品的促销活动大致相同,用于产品促销的工具、策略和策划步骤也适用于服务促销,在这里,我们只把服务促销和产品促销的不同点做一个比较。服务的若干特征具有不同的营销含义,所以从顾客的观点来看,消费者对产品营销和服务营销两种营销的反应行为,有着很大的差异。

(1)消费者态度。

消费者态度是影响购买决策的关键。服务业的非实体性是营销上一项最重要的要素。消费者在购买时,往往是凭着对服务与服务表现者或出售者的主观印象，而这种对主观印象的依赖性，在购买实体性产品时，则没有那么重要，对于服务销售者和服务业有两方面与制造业不同，即服务产品被视为比实体性产品更为个人化和消费者往往对于服务的购买不满意。

（2）采购的需要和动机。

在采购的需要和动机上，制造业和服务业大致相同。不论是购买实体性产品或非实体性产品，同类型的需要都可以获得满足。不过，有一种“个人关注的欲求”，对产品或服务都是很重要的，凡能满足这种“个人关注的欲求”的服务销售者，必能使其服务产品与竞争者之间产生差异。

（3）购买过程。

在购买过程上，制造业和服务业的差异则较为显著。有些服务的采购被视为有较大的风险，原因是买主不易评估服务的质量和价值。另外，消费者也往往容易受到其他人，如对采购和使用有经验的邻人或朋友的影响。而这种影响，对于服务营销而言有比较大的意义，尤其是在服务的供应者和其顾客之间，有必要发展形成一种专业关系，以及在促销努力方面建立一种“口传沟通”方式。这两项做法，势必可以促使各种服务促销的努力更有效率。

5. 服务人员策划

在提供服务产品的过程中，人（服务企业的员工）是一个必不可少的因素，尽管有些服务产品是由机器设备来提供的，如自动售货服务、自动提款服务等，但实际上零售企业和银行的员工在这些服务的提供过程中仍起着十分重要的作用。对于那些要依靠员工直接提供的服务，如餐饮服务、医疗服务等来说，员工因素就显得更为重要。一方面，高素质、符合有关要求的员工的参与是提供服务的一个不可或缺的条件；另一方面，员工服务的态度和水平也是决定顾客对服务满意程度的关键因素之一。

服务人员策划的内容主要包括对人员的招聘、培训、激励和管理。其实，服务人员策划的内容就是服务人员策划的流程。

（1）服务人员招聘。

在选择前线员工时，不能像招聘普通员工那样只看重经验和技能，而更应考察态度、资质和个性等一些能为服务人员带来成功的因素。

（2）培训。

员工招聘只是企业人力资源管理的开始，如何使新员工成为符合企业要求的服务提供者，这是企业内部培训要解决的问题。

（六）服务营销策划的过程

服务营销策划是一种计划工作，而计划工作是一个过程。计划是管理工作的出发点,对于服务营销管理活动来说,制定一套切实可行的营销策划是它的第一步。服务营销策划的过程主要分为四个阶段,即企业战略背景分析、处境核查、营销战略制定、资源分配与监控(图 4-1)。

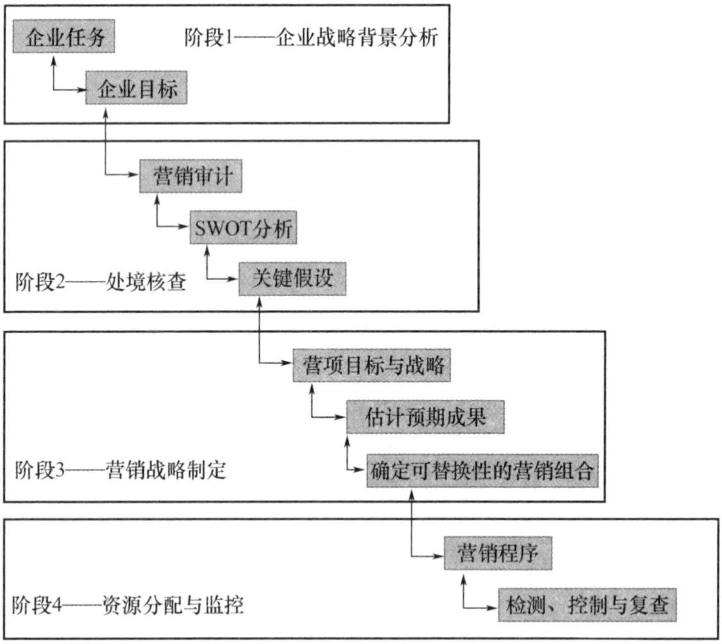

图 4-1　服务营销策划的过程

1. 企业战略背景分析阶段

企业战略背景分析主要是对企业的任务和各项目标加以确认和识别。首先要弄清企业的任务,它是指社会赋予企业的基本职能或企业本身的基本作用。比如,大型酒店的任务是向顾客提供餐饮和住宿服务,大学的任务是教学和科研。其次要确认企业的目标。目标不是固定不变的,一定时期内一个企业及其部门都有各自的目标。企业的目标要与企业的任务相适应,否则企业的各项营销活动就会产生不协调,从而对整个营销策划的顺利完成造成影响。

2. 处境核查阶段

处境核查是指企业对服务营销的内、外部环境的综合分析,并确认企业的自身实力与营销定位。这一阶段主要有以下三个步骤。

(1)营销审计。

这主要是对企业当前的各个细分市场的相关营销数据的收集与整理,以确定哪些因素决定服务营销的成败。数据可以来源于企业的内部,如员工的反馈或专门的审计小组提供的研究报告；也可以来源于企业的外部，如各种营销咨询机构以及各个企业对营销环境的评价。两个来源的数据需要联系当前的营销环境和未来可能的发展趋势进行整理，以便做出全面而合理的SWOT分析。

（2）SWOT分析。

这种分析方法是根据营销审计所得到的数据，将企业自身的优势（Strengths）与劣势（Weaknesses）及外部环境的机会（Opportunities）与威胁（Threats）进行综合分析的方法。通过SWOT分析，企业将更加清楚利用自身的哪些优势去把握服务营销环境的机会。

（3）关键假设。

这是指服务企业在制定营销策划时，对营销策划运行的未来环境及其变化的一种估计。这种假设既影响到营销策划的制定，又影响到它的实施。它们应该是可能发生的环境变动的估计，比如国民生产总值的变化、利率变动、通货膨胀率的变动、需求变动等。

3. 营销战略制定阶段

这一阶段是服务营销策划最重要的一部分，主要由相互联系的三个步骤组成，即确定营销目标与战略、估计预期成果和确定可替换性的营销组合。营销战略的制定应该有一定的弹性，否则整个营销策划便失去了意义。

（1）确定营销目标与战略。

这一步的主要任务是找出适合企业优势的目标市场并确定所要达到的利润、收入或是市场份额。确定营销目标的目的是准确地描绘出企业服务营销活动所需要实现的东西，而营销战略意味着如何去实现这些营销目标，二者缺一不可。

（2）估计预期成果。

服务营销所采取的每一项行动都应该有一个预期的特定成果。某一步行动如果没有具体的成果，就无法对业绩进行衡量，那么下游环节的工作就只好在不确定中开展了。预期估计的成果主要包括销售收入、销售成本、营销成本、制造费用和管理费用等。

（3）确定可替换的营销组合。

服务营销组合是企业对核心服务、附加服务及其传递系统、货币价格和其他财务成本、营销沟通方式等的组合。这一步骤的目的是为寻找最佳的营销策略方案做准备。在营销策略方案正式被贯彻实施之前，总是有可能找到更加有效的营销策略方案的。服务企业的管理者总会对多个营销方案进行评价，以挑选出最适合企业资源有效利用的方案去实施。

4. 资源分配与监控阶段

这一阶段有两个步骤，即营销程序的制定和检测、控制与复查。制定营销程序的目的是保证企业的所有员工都知道自己负责的事情,知道如何进行每个细分市场的物力与财力的分配,以确保营销策划取得成功。策略的实施要求按照精心设计的顺序完成每个步骤,某些行动是随后其他行动的前提条件。检测、控制与复查是策略与程序的执行沿着预定的方向前进的保证。企业的监控人员要做好持续性的状态分析,对中期和终期的业绩进行衡量,还要搞清目标与业绩之间的差异并进行过程修正行动。

第二节　文化与创新营销策划

一、文化营销策划

文化营销的实质是有意识地发现、甄别、培养或创造某种价值观念,从而达到企业的营销目标。文化营销策划就是指以文化为主体,利用文化进行营销活动及设计营销方案的过程。文化营销策划应该先明确现有企业文化、商品文化,再进行商品营销。

(一)文化营销的本质特征

1. 共同的期望是基础

无论双方有没有较强的业务关系,双方都应该保持共同的期望,作为日后发展关系和形成默契的基础。

2. 相互沟通与共鸣是方式

相互沟通与共鸣是维系关系和发展共同期望最基本的方式,只有相互沟通与共鸣,才能取得双赢的结果。

3. 双赢是结果

文化营销的宗旨是通过双方良好的沟通和共鸣增加双方的利益,而不是损害其中一方或多方的利益,增加其他各方的利益。

4. 价值观念的渗透与共融是根本方式

无论是共识的形成,还是充分的沟通与互动,从本质上来讲,就是一个价值观念相互渗透影响,最终形成共融的过程。不断深化这个过程,才是文化营销取得利益的根本方法。

（二）文化营销策划的内容

可以通过三个阶段来实现企业的文化营销过程。这也是企业文化营销层层深入的三个层次：产品文化营销、品牌文化营销和企业文化营销。

从文化营销的角度来看，产品是价值观的实体化。产品文化营销包括产品的设计、生产、使用等各方面。品牌文化营销是产品文化营销的进一步发展。品牌文化包括整个社会对品牌的信任，包括消费者用名牌的行为，也包括厂商创立名牌、生产名牌的行为。厂商创造品牌的过程，就是不断积累品牌文化个性的过程。企业文化营销的核心在于寻求被目标客户所接受的价值信条作为立业之本，从而促进目标客户对整个企业包括其产品的认同。

1. 产品文化营销

产品文化营销中的产品文化定义为提供给市场，在人们选取、使用或消费中满足人们某种欲望或需求的一切实体和价值观念的综合体现。产品文化营销在营销过程中更加注重产品文化的意义与作用，以文化突出产品、以文化带动营销。在产品文化营销的过程当中，应注重在三个方面体现营销的价值：产品包装的文化性、产品广告的文化性、产品文化营销的生命周期。

其中产品文化营销的生命周期指的是依附在特定的产品上的文化会因产品的销售情况而产生文化需求的减少与增加，从而产生产品文化的周期性变化。它的生命周期是由市场对该种产品的文化特质的需求决定的。产品文化的衰退主要源于消费者对某种文化要素重视的减弱，追求新的文化要素，使产品的文化概念逐步淡化。一般情况下，产品文化的衰退先于产品销售的衰退。掌握产品文化衰退的先机，将有助于对品牌的维护和发展。

2. 品牌文化营销

品牌文化是指有利于同竞争对手的品牌和劳务区别开来的名称、名词、标记、符号、设计，或是这些要素的组合及其所代表的利益认知、情感属性、文化传统和个性形象等价值观念的总和。

（1）品牌的文化定位。

品牌文化营销中的首要问题是品牌的文化定位。好的品牌文化定位将决定品牌今后的文化走向。品牌的文化定位应注重目标消费群体对品牌的利益认知。在竞争的市场环境中确定品牌的文化定位，可根据该品牌在当地市场的市场份额来实施。

①市场领导者由于品牌在当地市场的领导地位，随时面临品牌挑战者的挑战。其品牌文化定位必须满足高质量形象、鲜明的个性形象、创新的品牌形象。

②市场挑战者品牌在市场上仅次于领导型品牌。由于与领导型品牌之间实力相差不大,有能力向领导型品牌发动攻击,争夺更大的市场份额,因此它的品牌文化定位应具有相当的攻击性和锐意进取性。

③追随型品牌的经营者往往着眼于维持当前的目标市场,在产品特性、服务完善等方面来满足目标消费者的需要。追随型品牌在市场竞争中往往成为挑战型品牌夺取市场份额的主要攻击对象,因此必须通过加强品牌的文化定位来保证品牌不易受到其他品牌的攻击。它应突出的品牌文化定位主要是满足低价格品牌形象以及优质服务的品牌形象。

④补缺型品牌主要占领的是经过进一步细分后市场中的专业空间,由于市场份额有限,必须牢牢掌握现有空间。其文化定位的要求更加强烈,并且必须满足以下品牌定位之一:完全专业化的品牌形象、鲜明的特定个性形象及极其专业的服务形象。

(2)品牌文化提升策略。

品牌文化的提升是许多强势品牌往往会遇到的问题。品牌文化提升主要指公司运用多种营销手段,开展全方位的形象宣传,使品牌形象在消费者心目中的位置更加突出的营销过程。根据品牌的知名度的提升途径,可以将品牌文化的提升分为四个阶段:一般品牌、强势品牌、著名品牌、驰名品牌。根据品牌文化提升的途径,可以将品牌的提升分为三个阶段:一般品牌、品牌文化、文化品牌。

公司要根据自身产品特点、市场能力、公司掌握的资源选择实行以下品牌文化提升的策略。

①产品提升策略。公司通过改变产品概念的要素实现品牌形象的提升。产品提升策略要求公司产品发展某种特性上的优势,并能得到消费者的认同,在消费者享受到实在的产品特性带来的利益之后,公司的品牌形象在消费者心目中得到提升。但产品提升策略要求公司千万不要患上“营销近视症”,即公司切忌因为要发展完美无缺的产品而忽视消费者实际需求的变化。

②市场提升策略。公司依靠市场营销工作来完成品牌的提升。一般是通过广告宣传和公共关系等营销工具在市场上重新树立品牌的独特卖点或品牌的鲜明个性,并形象生动地传递给顾客,求得顾客的认同。公司在实施市场提升策略时要善于发现品牌的独特之处,并通过夸张的、形象的表现手法强化独特之处,使品牌形象得到提升。

③文化提升策略。文化提升策略指公司在品牌形象的塑造中注入文化因素来提升品牌。公司实施文化提升策略时不仅仅在名称上体现文化,更应在整体品牌形象上实现与文化的融合。

以上三种策略是可以同时实施的,而且能够取得加倍的效果,但应根据品牌旧有的形象决定是否应该改变品牌的形象。

3. 企业文化营销

企业文化营销起源于企业文化，是最高层次的文化营销战略。它指企业根据自身文化内涵的特色，选择恰当方式进行系统的革新和有效的沟通，在消费者心目中树立鲜明个性的企业形象，并以此达到企业经营目标的一种营销战略。

由于企业文化营销是企业经营与创新的核心源泉，因此，它的被关注程度极高。企业文化由外向内可分成外显文化营销（物质文化营销）、行为文化营销、制度文化营销和精神文化营销。这几个层次营销活动的整体策划，就形成了整体的企业形象设计。

二、创新营销策划

（一）创新营销的概念

创新是企业成功的关键，企业经营的最佳策略就是抢在别人之前淘汰自己的产品，这种把创新理论运用到市场营销中的新做法就是创新营销，包括营销观念的创新、营销产品的创新、营销组织的创新和营销技术的创新。要做到这一点，市场营销人员就必须随时保持思维模式的弹性，让自己成为新思维的开创者。

创新营销是提高企业市场竞争力最根本、最有效的途径。另外，通过创新营销，企业能科学合理地整合各种资源，并能有效提高产品的市场占有率与利润。

（二）创新营销策划的方法

企业在营销实践中，一方面应敢于把国际先进的营销做法创造性地加以应用，另一方面要大胆提出和实施新的营销方法。营销方法创新主要体现在如下几个方面。

1. 事件营销

事件营销即通过或借助某一有重要影响的事件来强化营销、扩大市场的方法。例如，某房地产项目营销策划时，在项目推广造势阶段，将项目的地理位置与国家乒乓球训练基地要扩建，这一本无关联的两件事联系起来，使本无地理优势的项目，一时间变成抢手货。正是这种营销思维，使策划者将两件不相关的事物联系在一起，创造营销佳绩。

2. 柔性营销

柔性营销即企业适时灵活地调整营销活动，适应并满足个性化需求的一种方法。这一营销方法要求企业改变以往高度统一的集中管理方式,实行面向实际的灵活分散管理。

3. 网上营销

网上营销即在互联网上开展营销活动的一种方法。

4. 零库存营销

零库存营销即采用先接订单后生产,库存为零的一种营销方法。

5. 无缺陷营销

无缺陷营销即在整个营销过程中不给顾客留下任何遗憾的营销方法。包括产品无缺陷——100%保证质量,销售无缺陷——100%保证挑选,服务无缺陷——100%保证满意。

(三)创新营销策划应注意的问题

1. 要注意必须在营销创新中创造价值

这是创新营销是否有价值的最重要的评估标准,这里的价值包括经济价值和顾客价值。不创造经济价值对企业没有任何意义,不创造顾客价值的营销创新,就无法获得经济价值。因此,创造顾客价值是营销创新的关键。顾客价值不仅表现在产品功能上,如顾客为购买而付出的精力、体力、时间及货币都属于顾客价值范畴,甚至包括情感。营销创新中,必须创造顾客价值,否则,难以提高企业核心竞争力。

2. 要注意创新营销的切实可行性

创新是在分析宏观、微观环境的基础上创造的,而非凭主观想象创造出来,要切实可行、易操作,尤其要注意文化影响。营销创新是就某时某地情况而进行的营销要素排列的最佳组合,要注意文化的可控和不可控性,还可能存在着入乡随俗和不入乡随俗的问题。此外要注意营销创新活动对社会是否有负面影响。

3. 要注意创新营销组合

企业创新营销关系到一个营销环节的成功,但要注意营销组合。一方面或一个环节的创新要有其他营销组合要素配合,否则这种营销的成功就会大打折扣。由此可见,营销创新的实质是创新的组合,企业的创新工作应与营销组合相互配合。

4. 要注意运用合力

在创新营销时要求运用团队的力量。企业要特别强调团队精神，因为团队的合力总是大于个体的力量。在营销创新方面，团队的力量就显得更为重要了，因为，团队的创新较个人创新更具完整性和可行性，而且在执行过程中，对于整体的沟通与理解要强于个体，效果也自然出人意料。

第三节　关系与整合营销策划

一、关系营销策划

（一）关系营销的概念

所谓关系营销，是把营销活动看成是一个企业与消费者、供应商、分销商、竞争者、政府机构及其他公众发生互动作用的过程，其核心是建立和发展与这些公众的良好关系。关系营销以系统论为基本指导思想，将企业置于社会经济大环境中来考察其市场营销活动，认为企业营销是一个与消费者、竞争者、供应商、分销商、政府机构和社会组织发生互动作用的过程，正确处理与这些个人和组织的关系是企业营销的核心，是企业成功的关键。

（二）关系营销策略

关系营销把一切内部和外部利益相关者纳入研究范围，用系统的方法考察企业所有利益者及其相互关系。在此理论指导下，企业的关系营销策略可分解为以下五个方面。

1. 顾客关系营销策略

只有企业为顾客提供了满意的产品和服务，才能使顾客对产品进而对企业产生信赖，成为企业的忠诚顾客。企业要与顾客建立良好关系，促使其成为忠诚顾客，可从以下几点入手。

（1）树立以消费者为中心的观念。这种观念认为，企业的一切计划和策略应以消费者为中心，正确确定目标市场的需要，比竞争者更有效地满足目标市场的要求。

（2）了解顾客的需要，提高顾客的满意度。

（3）建立顾客关系管理系统，培养顾客的忠诚度。建立与顾客关系的数据库系统是企业实施关系营销的第一步,这样有利于企业赢得顾客,也有利于企业维系顾客。

2. 供销商关系营销策略

在竞争日趋激烈的市场环境中,明智的市场营销者会和供应商、经销商建立起长期的、彼此信任的互利关系。企业制定策略可从以下几点入手。

(1)求实为本,增进了解。

企业应该让供销商充分了解企业的实力,培养供销商对企业的信心,同时必须让供销商充分了解企业的营销战略,特别是要将企业的战略目标、营销计划充分传达给经销商。为促进企业同顾客的关系,企业往往需要经销商密切配合企业的经营战略,采取利益一致的行动,通过经销商来提高顾客满意度。

(2)讲究信用,互惠互利。

应从长远利益出发,重视建立与供应商之间长期互惠互利的关系。良好的供应商关系有助于企业摆脱原材料缺乏和价格不稳定的困境,长期享受公平待遇的供应商愿意为企业提供紧急服务。

(3)诚意合作,共同发展。

一方面,提供各种资料与建议,促使采购、收货、营销、会计等部门与供销商加强合作;另一方面,企业应接受并考虑供销商所提的意见和建议,及对传达给企业各部门并保证予以合理解决,从而使企业与供销商共同发展。

3. 竞争者关系营销策略

竞争者关系营销主要有以下几种形式。

(1)入市合作,是最典型的市场调查合作和市场进入合作。市场调查是整个营销活动的起点,是获取决策信息和决策依据的途径。但由于工作量太大、专业性太强、费用太高,往往令中小企业望而却步,联合起来就可以避免以上各种不足。

(2)产品和促销合作,是指在相同市场上推出精心组合的产品,并进行促销合作。最常见的是功能型和品牌型的促销组合。品牌组合的形式多种多样,如著名的制造商与著名的销售商连用品牌、普通制造商与著名的销售商同用品牌、普通制造商依托著名的销售商连用品牌等。

(3)分销合作,主要是通过渠道建设合作,以强化渠道管理,决胜终端。

4. 员工关系营销策略

内部营销是企业关系营销的基础,任何企业都必须首先处理好自己内部的员工关系。企业内部上下关系融洽协调,全体员工团结一致、齐心协力,才能成功地

"外求发展"。

(1)培养良好的员工信念。

员工信念是企业及其员工所公认的、在实践中奉行的一种价值观念。确认一个具有挑战性的、统一的、独一无二的,并且让人信服的信念,可以把员工凝结为一体,激励员工不断奋发向上。

(2)满足员工不同层次的需要。

满足员工不断增长的物质需求,使企业具有光明的发展前景;满足员工对企业的情感需要,使企业内部建立融洽的人际关系;满足员工的成就感,使企业为员工提供实现个人价值和充分成长的机会,并不断根据知识经济的发展需要对他们进行知识和技能的培训。

(3)建立企业内部良好的沟通气氛。

企业领导在企业内部沟通过程中要平易近人,要善于听不同的意见,鼓励下属大胆提出批评和建议,形成轻松和谐的沟通环境和气氛。

5. 影响者关系营销策略

企业要拓宽视野,注意与股东、政府的关系,与媒体、社区、国际公众、名流、金融机构、学校、慈善团体、宗教团体等的关系。这些关系都会对企业经营管理造成影响,构成了保障企业生存发展的事业共同体,企业与这些环境因素息息相关。

影响者关系营销策略通常可借助以下公共关系模式来实施。

(1)宣传型公共关系活动模式。

企业运用大众媒体和内部沟通方法,开展宣传工作,树立良好企业形象。形式包括举办展览会、经验和技术交流会、座谈会、新闻报道等。

(2)服务型公共关系活动方式。

企业通过向公众提供各种形式的实惠服务,强化企业信誉和形象,设身处地为顾客着想,为顾客当参谋,通过热情周到的售前、售中、售后服务,为消费者提供全方位的服务,使消费者得到最大限度的满足。

(3)社会型公共关系活动方式。

企业通过举办各种社会性、公益性、赞助性活动,塑造企业形象,扩大企业的社会影响,提高企业的社会声誉,赢得公众的支持。

(4)交际型公共关系活动方式。

企业在人际交往中开展公共关系工作,目的是通过人与人的直接接触,增强感情上的联络,为企业广结良缘,建立广泛的社会关系网络,形成有利于企业发展的人际环境。

(5)征询型公共关系活动方式。

以采集信息为主,目的是了解民情、民意,了解社会舆论,为企业的决策者提供资讯,保持企业与社会环境之间的动态平衡。

(三)关系营销策划流程

1. 组织设计

关系营销的管理,必须设置相应的机构。对内要协调处理部门之间、员工之间的关系,对外要向公众发布信息、征求意见、搜集信息、处理纠纷等。管理机构代表企业有计划、有准备、分步骤地开展各种营销活动,把企业领导者从烦琐事务中解脱出来,使各职能部门和机构各司其职、协调合作。

2. 资源配置

资源配置包括人力资源配置和信息资源共享等。

3. 文化整合

不同企业有不同的文化。推动差异化战略的企业文化可能是鼓励创新、发挥个性及承担风险;而成本领先的企业文化,则可能是节俭、纪律严明及注重细节。如果关系双方的文化相适应,将能强有力地巩固企业与各子市场系统的关系并建立竞争优势。

4. 关系营销的效率提升

一方面,与外部企业建立合作关系,必然会与之分享某些利益,增强对手的实力;另一方面,企业各部门间也存在不同利益,这两方面形成了关系协调的障碍。对现代企业来说,要处理好企业内部关系,并与其他企业结成联盟,使企业关系营销的效率得到提升。

二、整合营销策划

(一)整合营销的概念

整合营销理论提出"营销即传播",更强调传播沟通的重要性,主张把企业的一切营销和传播活动,如广告、促销、公关、新闻、直销、企业形象、包装、产品开发等进行一体化的整合重组,让消费者从不同的信息渠道获得对某一品牌的一致信息,以增强品牌诉求的一致性和完整性。制订综合计划,使用各种传播手段(普通广告、直接广告、销售促进和公共关系等),对信息资源实行统一配置、统一使用,提高资源利用率,提供具有良好清晰度、连贯性的信息,从而提高附加价值并使传播影响力最大化。

整合营销传播的内涵是,以消费者为核心重组企业行为和市场行为,综合协调地使用各种形式的传播方式,以统一的目标和统一的传播形象,传递一致的产品信息,实现与消费者的双向沟通,迅速树立产品品牌在消费者心目中的地位,建立品牌与消费者长期密切的关系,更有效地达到广告传播和产品营销的目的。

(二)整合营销过程

1. 确定“传播什么”是整合营销的根本

(1)独特的销售主张。

这一传播理论强调的是产品具体、特殊的功效和利益。

(2)强势的品牌联想。

这一传播理论强调制造消费者心理价值,细分为企业形象联想、产品品质联想、使用者形象联想。

(3)定位论。

它强调占据心理位置,强调第一。定位可分为单一定位、三重定位、体验定位。单一定位中,又有第一定位、对比定位和类别定位。三重定位中,又有理性定位、感性定位和感觉定位。体验定位的核心理念是体验式营销。

(4)需求导向论。

其根本是进行双向沟通,建立顾客忠诚度,落脚点是从顾客需求出发。

(5)直觉论。

直觉论的核心是感觉消费。在大部分人看来,这类消费可能大部分集中在快速流转类产品上。

(6)整合论。

它强调与消费者建立关系,全面降低营销成本。包括两种情况,一种是一对一营销,另一种是关系营销。在这里,一对一营销强调的是顾客占有率,把更多的产品卖给同一顾客,成本主要集中在同一顾客上。很明显,开发一个新顾客的成本比维持一个老顾客的成本要高许多! 关系营销则是把更多的价值而不是更多产品卖给同一顾客。

2. “用什么传播”是整合营销传播的关键

用什么传播的关键是要找到合适的品牌接触点。

(1)媒体作为传播工具。

在进行媒体组合时要考虑品牌传播覆盖率、到达率及成本效益等。

(2)媒体作为介质。

如是否具有声音、图像、文字的功能,其本质就是要考虑如何充分利用不同类型媒体的特征,以最低代价获得最佳品牌知名度与美誉度。

(3)媒体作为附加信息。

媒体的地位与影响力,对广告与品牌有很强的暗示作用,附加信息丰富。

(4)媒体作为杠杆。

媒体本身对广告效应有提升作用。

因此,考虑媒体策划和整合时,要考虑如何充分创新利用媒体职能,以对广告与品牌发挥出良好的杠杆作用。

3. 整合营销的媒体策划

(1)经济节约,最大限度为客户省钱。

(2)追求创新。现在的消费者每天都接触很多的媒体,媒体分裂时代已来临。广告费越来越贵,而广告效果则越来越差。要从众多的媒体中脱颖而出,以抓住目标群的注意力,广告形式必须力求创新,同时应与创意很好地结合。

(3)努力建立品牌与目标群之间的关系。大众媒体,通常可以有效地帮助品牌建立知名度。而小众媒体,则可以针对某些特定人群。它可以很好地建立起消费者与产品品牌的某种内在联系,让消费者感觉亲切,感觉这是专为他而做的广告。

(三)整合营销策划的措施

1. 整合营销策划的操作思路

(1)以整合为中心。

着重以消费者为中心并把企业所有资源综合利用,实现企业的广泛一体化营销。整合既包括企业营销过程、营销方式及营销管理等方面的整合,也包括对企业内外的商流、物流及信息流的整合。

(2)讲求系统化管理。

整体配置企业所有资源,企业中各层次、各部门、各岗位和总公司、子公司,以及产品供应商、经销商、相关合作伙伴协调行动,形成竞争优势。

(3)强调协调与统一。

企业营销活动的协调性,不仅仅是企业内部各环节、各部门的协调一致,而且也强调企业与外部环境协调一致,共同努力以实现整合营销。

(4)注重规模化与现代化。

整合营销十分注重企业的规模化与现代化经营。规模化不但能使企业获得规模经济效益，而且也为企业有效地实施整合营销提供了客观基础。

2. 整合营销策划的实施对策

要使以上内容都得到贯彻，在实施整合营销运作的过程中要注意以下四个方面的问题。

（1）重视协调好营销传播中所有可管理的部分，如广告、公共关系、人员直销、销售促进等，将其调整为一个连贯、统一的整体。重点是提高及加强运作效力和外向型传播的传送。而对所有产品、市场对外传播的各种手段和渠道的整合是整合营销的核心。

（2）企业内部的连贯性和一致性是营销传播一致性的保证。需要对企业的内部资源进行整合，使企业从以公司为导向转为以客户、消费者和终端用户服务为导向。为此，企业必须重新建立相应的组织机构，从组织上、管理上保证整合营销的实施。员工是对外传播、品牌形象和服务的关键点，是客户或者潜在客户了解品牌、产品及服务的直接通道。除品牌的传播效力、产品、价格、渠道、销售促进的主要营销措施紧密配合外，员工服装礼仪、方便实用的用户手册、产品包装、投诉解决程序、询问回应时间、员工对公司的忠诚认可度等都是客户接触通道，都直接影响整合营销的效果。如果内部营销传播计划不支持或与外部营销传播计划不相一致，可能会使多达40%的营销传播花费被浪费掉。

（3）企业应利用已确立的组织机构和技术能力，建立合理的内部信息传递通道和客户信息管理系统，保证企业内部信息以最优方式被传递给客户、潜在客户和其他目标人群，并将有关的客户和潜在客户信息通过数据库实现有效管理。

（4）推动企业的战略决策与财务整合。主要解决企业资源分配、合作与联盟问题。

第四节　绿色营销策划

一、绿色营销的概念及特点

绿色营销是指企业在营销中要注意地球生态环境的保护，促进经济与生态的协调发展，为实现企业自身利益、消费者利益、社会利益以及生态环境利益的统一而对产品、定价、分销和促销进行策划与实施。

树立绿色营销观念，开发绿色产品，开拓绿色市场，已成为21世纪企业营销发展的新趋势，也给企业创造了新的机遇。资源、环境等问题日渐为世人所关注，绿色营销正是顺应这一要求而发展起来的。绿色营销有如下特点。

（一）绿色营销观是以可持续发展为目标，经济与生态协同发展的营销观

绿色营销观认为，企业在营销活动中，要顺应可持续发展战略的要求，注重地球生态环境保护，促进经济与生态协调发展，以实现企业利益、消费者利益、社会利益及生态环境利益的统一。绿色营销观要求企业在营销中，要以可持续发展为目标，注重经济与生态的协同发展，注重可再生资源的开发利用，减少资源浪费，防止环境污染。以绿色营销观为指导，企业在营销全过程中都强调“绿色”因素。

（1）注重安全、优质、低能耗、少污染的绿色产品的开发生产。

扩大现有绿色产品的经营规模，取得规模经济效益。一是提高单个企业的规模经济效益；二是提高企业群的规模经济效益。要求绿色产品生产企业不断壮大自己，还要求企业内联外争，促进绿色产品市场发展。推行清洁生产方案，积极进行现有产品绿色化的同时，密切关注绿色新科技、绿色新工艺、绿色新材料、绿色新产品的发展动向，适时地引进和开发绿色新产品。

（2）注重定价中的绿色因素。

绿色产品是经有关部门严格认证后获得绿色产品标志的产品，在质量标准、环保标准等方面有较高的要求。因此，在成本构成方面与一般产品有所不同，除了生产经营过程中产生的一般成本、费用，还要考虑绿色资源的开发和运用所付出的代价，为保证清洁的成本，开发和运用绿色包装所增加的成本，废弃物回收、处理成本等。除此之外，还必须考虑政策因素和市场因素。

（3）在渠道选择、促销、服务、企业形象树立等营销全过程中都要考虑以保护生态环境为主要内容的“绿色”因素。

绿色营销观的树立，要求企业生产经营的产品从生产过程到消费过程、从外包装到废旧后的回收都要有利于人类的健康持续发展，有利于环境的保护和改善，能够在创造企业内部经济效益的同时带来社会外部的经济性。

（二）资源价值观是确立绿色营销观的核心

绿色营销观的确立，需要企业和全社会改变其传统的资源无价或低价享用的价值观，正确认识资源的价值。资源是具有价值的物品，资源的价值不仅表现为资源本身的价值，还包括资源的使用所造成的环境代价。效用价值理论认为，物品的效用是价值的源泉。物品的效用是形成价值的必要条件，物品的稀缺性则是形成价值的充分条件。无论是不可再生资源还是可再生资源，都是人类生存发展不可或缺的物品，都具有极大的效用。

绿色营销观要求企业在营销中必须考虑资源的价值。在产品的设计、开发和营销中，不仅要考虑到企业的利益、消费者的要求，而且要考虑到其对环境的影

响,要把经济利益与环境利益结合起来。那种只顾片面的经济效益而忽视环境效益的做法,即使能短期获利,但绝不会得到长远的、可持续的发展。

(三)提高企业家素质、转变企业家观念是企业确立绿色营销观的关键

企业确立绿色营销观最关键的问题是提高企业家的素质,转变企业家的观念。

绿色营销观要求企业家要有全局、长远的发展意识。企业家在制定企业发展规划,进行生产、营销决策和管理时,都必须时时注意绿色意识的渗透,从"末端治理"这种被动的、高代价的解决环境问题的途径转向积极的、主动的、精细的环境管理。在可持续发展目标下,调整自身行为,从单纯追求短期最优化目标转向追求长期持续最优化目标。将可持续性目标作为企业行为的基本目标,并不是反对企业追求利润最大化,而是提倡将保护生态环境、杜绝资源浪费,以保证长远的永续经营作为企业发展的宗旨,实现一种环境可以持久支持的利润最大化。

二、绿色营销策略

(一)树立绿色营销观

绿色营销观是在绿色营销环境条件下企业生产经营的指导思想。传统营销观认为,满足消费需求、改善企业条件、创造比竞争者更有利的优势,便能取得市场营销的成效。而绿色营销观却在传统营销观的基础上增添了新的思想内容。

企业生产经营研究的首要问题是与绿色营销环境的关系。企业营销决策的制定应建立在节约能源、资源和保护自然环境的基点上,促使企业市场营销的立足点发生新的转移。

对市场消费者需求的研究,是在传统需求理论基础上,着眼于绿色需求的研究,并且认为这种绿色需求不仅要考虑现实需求,而且要放眼潜在需求。

企业与同行竞争的焦点,不在于传统营销要素的较量和争夺传统目标市场的份额,而在于最佳保护生态环境的营销措施,并且认为这些措施的不断建立和完善,是企业实现长远经营目标的需要,它能形成和创造新的目标市场,是竞争制胜的法宝。

与传统的社会营销观相比,绿色营销观更注重社会利益,更明确定位于节能与环保,立足于可持续发展,放眼社会经济的长远利益与全球利益。

(二)设计绿色产品

产品策略是市场营销的首要策略,企业实施绿色营销必须以绿色产品为载

体，为社会和消费者提供满足绿色需求的绿色产品。所谓绿色产品是指对社会、对环境改善有利的产品，或称无公害产品。绿色产品与传统同类产品相比，至少具有下列特征。

（1）产品的核心功能既要能满足消费者的传统需要，符合相应的技术和质量标准，更要满足对社会、自然环境和人类身心健康有利的绿色需求，符合有关环保和安全卫生的标准。

（2）产品的实体部分应减少资源的消耗，尽可能利用再生资源。产品实体中不应添加有害环境和身体健康的原料、辅料。在产品制造过程中应消除或减少“三废”对环境的污染。

（3）产品包装应减少对资源的消耗，包装废弃物和产品报废的残留物应尽可能成为新资源。

（4）产品生产和销售的着眼点，不在于引导消费者大量消费而大量生产，而是指导消费者正确消费而适量生产，建立全新的生产美学观念。

（三）制定绿色产品的价格

一般来说，绿色产品在市场的投入期，生产成本会高于同类传统产品。因为绿色产品成本中应计入产品环保的成本，主要包括以下几个方面。

（1）在产品开发中，因增加或改善环保功能而支付的研制经费。

（2）在产品制造中，因研究对环境和人体无污染、无伤害而增加的工艺成本。

（3）使用新的绿色原料、辅料而可能增加的资源成本。

（4）由于实施绿色营销而可能增加的管理成本、销售费用等。

（四）绿色营销的渠道策略

绿色营销渠道是绿色产品从生产者转移到消费者所经过的通道。企业实施绿色营销必须建立稳定的绿色营销渠道，策略上可从以下几个方面努力。

（1）启发和引导中间商的绿色意识。建立与中间商恰当的利益关系，不断发现和选择热心的营销伙伴，逐步建立稳定的营销网络。

（2）注重营销渠道有关环节的工作。为了真正实施绿色营销，从绿色交通工具的选择，绿色仓库的建立，到绿色装卸、运输、储存和管理办法的制定与实施，认真做好绿色营销渠道的一系列基础工作。

（3）尽可能建立短渠道、宽渠道，减少渠道资源消耗，降低渠道费用。

（五）搞好绿色促销活动

绿色促销是通过绿色促销媒体，传递绿色信息，指导绿色消费，启发、引导消费者的绿色需求，最终促成购买行为。绿色促销的主要手段有以下几方面。

(1)绿色广告。

通过广告对产品绿色功能定位,引导消费者理解并接受广告诉求。在绿色产品的市场投入期和成长期,通过量大、面广的绿色广告,营造市场营销的绿色氛围,激发消费者的购买欲望。

(2)绿色推广。

通过绿色营销人员的绿色推销和营业推广,从销售现场到推销实地,直接向消费者宣传、推广产品的绿色信息,讲解、示范产品的绿色功能,回答消费者有关咨询,宣讲绿色营销的各种环境现状和发展趋势,激发消费者的消费欲望。同时,通过试用、馈赠、竞赛、优惠等策略,引导消费兴趣,促成购买行为。

(3)绿色公关。

通过企业公关人员参与一系列公关活动,诸如发表文章、演讲、播放影视资料、社交联谊、参与和赞助环保公益活动等,广泛与社会公众进行接触,增强公众绿色意识,树立企业绿色形象,为绿色营销建立广泛的社会基础,促进绿色营销业发展。

企业通过绿色管理原则,建立绿色发展战略,实施绿色经营管理策略,制定绿色营销方案,才能加快企业绿色文化的形成,推动企业绿色技术发展,生产出满足公众绿色需求的产品,实现社会和企业经济的可持续发展。

三、绿色营销策划制定应考虑的因素

企业在制定绿色营销策划时要受到各种因素的制约,主要有绿色营销外在影响因素和绿色营销内在影响因素。

(一)绿色营销外在影响因素

绿色营销外在影响因素是指企业外的有关因素,具体来说主要有以下几方面。

1. 消费者

消费者的需求是企业营销活动的起点,因此,在绿色营销活动中,其起点就是要了解消费者对绿色产品和服务的需求程度。

2. 供应商

供应商产品的绿色化程度、本企业对绿色原材料的需求状况及本企业与供应商的联系紧密程度直接关系到绿色营销的“输入”状态。“输入”是系统转化的前提。对未来的产出具有一定的决定性。

3. 问题

企业要经常了解和掌握绿色营销过程中存在的系列问题,如竞争对手的动态等,这对绿色营销是关键的。识别问题是解决问题的前提,问题的难易程度以及复杂程度决定了绿色营销的不同内容。

4. 预测

这要求企业收集各方面信息,利用明智判断来预测未来的环保发展方向及其对企业绿色营销行为的影响。

5. 伙伴

企业应加强与对环境具有重要影响的组织的伙伴关系。这对绿色营销的顺利实施极其有益。在绿色营销过程中最重要的是战略伙伴的寻找。

(二)绿色营销内在影响因素

1. 产品

绿色产品应是在生产、使用和抛弃时皆具安全与无污染性的产品。产品所使用的原材料和包装物应是有利于环保的,多是一般营销理论中产品概念的拓展。

2. 价格

绿色产品的价格反映了绿色成本,但同时亦应考虑消费者的接受程度,在给绿色产品定价时要考虑到它的社会利益。

3. 分销

应选择绿色程度较深的渠道来铺货,并在分销过程中维持统一的绿色形象。

4. 促销

利用绿色媒体和各种其他媒介,来宣传企业的绿色信息,促进管理绿色销售。

5. 人员

要在企业中培养出一个绿色营销者队伍,他们有强烈的绿色理念,深入了解有关环保的各项事宜,并明确企业在绿色营销中的环保努力方向和具体措施,以及本人在绿色营销中应承担的责任等。

6. 过程

企业应严控原材料、能源和消耗过程以及废弃物的产生和处理过程，并制定和实施监测评估环境表现的政策，对整个绿色营销活动过程进行监管。

（三）绿色营销内、外影响因素的结合

企业绿色营销能否成功，关键取决于绿色营销内、外影响因素的巧妙结合和协同作用，包括以下几点。

（1）满足消费者的绿色消费需求。

（2）产品生产及使用过程的安全无污染。

（3）社会对绿色营销的接受和支持。

（4）企业从可持续性发展的战略高度来组织和实施绿色营销。

第五章　互联网营销概述

第一节　传统营销与互联网营销

传统营销主要由三大板块构成：首先，从营销探测(Probe)板块开始进行“市场探测”，探测市场环境；其次，营销战略(ST)板块做市场细分(Segmentation)，选择目标市场(Target)并进行市场定位(Position)；最后，营销组合策略(4P)板块包括产品(Product)、价格(Price)、渠道(Place)和促销(Promotion)策略。传统营销遵循以上营销流程，并依赖层层严密的渠道，通过大量人力与广告将产品或服务投入市场。

互联网营销(E-Marketing)是以互联网为核心平台，以网络用户为中心，以市场需求和认知为导向，利用各种网络应用手段去实现企业营销目的的系列行为。其功能包括电子商务、企业展示、企业公关、品牌推广、产品推广、产品促销、活动推广、挖掘细分市场、项目招商等各个方面。与互联网营销概念相似的词语包括网络营销、网上营销、在线营销、网路行销等。如果站在消费者的角度来看，互联网营销就是使大量的客户通过互联网，找到某网站、商铺，查看商品卖点，通过电话、邮件、QQ 等方式联系到卖家或者厂家，从一个潜在客户变成有效客户的过程。也可以将其理解成：互联网营销就是以企业实际经营为背景，以互联网营销实践应用为基础，从而达到一定营销目的的营销活动。

一、互联网营销对传统营销模式的影响

从传统营销流程角度分析，互联网营销对传统营销模式产生了以下几方面影响。

1. 互联网技术对营销探测的影响

在互联网时代，消费者可以通过互联网参与设计和定制产品，互联网技术的互动性使得营销探测具有了互动性，企业既是信息的收集者，也是信息的接受者；传统营销探测主要是定性描述消费者行为，面向消费者群体，而互联网营销则直接面对消费者个人，通过建立数据库，进行顾客关系管理(CRM)。

2. 互联网技术对营销战略的影响

网络的便捷性，使企业跨越空间距离，可直接接触到消费者。“市场细分”甚至可以细分到人；顾客定制产品的出现，使顾客可与企业直接沟通，导致“选择目标市场”这一传统营销中非常重要的环节变得相对简单；唯一不变的是“市场定位”依然重要，因为互联网时代的消费者更有条件满足个性，有个性、有企业形象的产品才能得到消费者的青睐。市场竞争的重心因此从产品转向品牌与企业文化。

3. 互联网技术对营销组合策略的影响

首先，生产商直接面对消费者，销售渠道大大缩短，取而代之的是物流配送；其次，顾客参与产品的配置工作甚至参与产品的设计，顾客定制产品，营销职能外部化；再次，互联网信息的透明化，使得同等产品价格一目了然、靠信息不对称取得差价的可能性变低，充分竞争使定价由市场决定；最后，互联网的低成本互动性，使得消费者的个性化追求这种一对一的营销需求得以满足。

总之，互联网技术将营销流程大大简化和压缩。顾客通过互联网定制或者设计产品，然后以订单的形式通过互联网将信息传递给生产商，生产商按订单生产，再通过物流配送体系直接将货品发送到顾客手中。在这个过程中，营销探测和营销战略被一张订单压缩简化了，同时还省去了销售渠道这一环节。

在网络时代，顾客越来越成为整个活动的中心。商家在互联网营销中不再居于主体地位，产品不再由商家调研，然后制造，再进行定位、定价，最后推销给消费者。消费者掌握了主动权，由他们发出自己的需求信息，包括产品设计、零件配置信息等，商家只是按单生产而已。

未来，一个将生产原料、智能工厂、物流配送、消费者全部编织在一起的大网将形成，消费者只需在网上下单，网络就会自动将订单和个性化要求发送给智能工厂，由其采购原料、设计并生产，再通过网络配送直接将货品交付给消费者。

二、互联网营销的基本特征

相对于传统的市场营销模式，互联网营销具有如下基本特征。

1. 公平性

互联网给所有的个人、所有的企业公平的竞争机会，所有符合条件的企业都能在网上开展电子商务，都站在同一条起跑线上。

2. 虚拟性

互联网提供了一个虚拟的环境，在这个环境中，企业生存于一个有别于实际地理空间的虚拟空间。

3. 对称性

传统市场营销的信息不对称问题不复存在，消费者可以轻松地从网上搜索自己想要掌握的相关信息。

4. 模糊性

一些内容在网络上变得模糊不清了，如厂商和顾客的模糊、产品和服务的模糊、企业边界的模糊等。

5. 复杂性

互联网营销的模糊性，使经济活动变得和传统市场营销大不相同，复杂性增强。

网络改变了厂商和顾客之间的信息流，让它从单向变成交互；网络改变了资金流，让其速度更快、归集更方便；网络改变了物流，使之更加智能化和便捷。但是，网络没有改变的是：消费者永远是营销的出发点和归宿。

无论顾客是亲自上门、打电话、发邮件，还是网络下单，感知顾客的需求，通过提供产品或服务来满足顾客的需求以获得利润，营销人做的工作，永远不会变。

第二节　互联网营销的工作内容与工作流程

一、互联网营销的工作内容

互联网营销的核心职能就是网上销售商品和建立网络品牌，与此相对应，可归纳为九个方面的职能：网上销售、网络品牌、网址推广、信息发布、销售促进、销售渠道、顾客服务、顾客关系、网上调研。互联网营销的职能不仅表明了互联网营销的作用，而且表明了互联网营销工作的主要内容。

1. 网上销售

互联网营销的核心功能就是网上销售商品，主要有两种方式，一是自建网站销售，二是通过电商平台来开展在线销售。两种方式均是企业的在线销售渠道，销售渠道能完成订单确认、网上支付等电子商务功能。随着电子商务的价值越来越多地被证实,更多的企业将开拓网上销售渠道。

2. 网络品牌

互联网具备典型的媒体特征,通过互联网,可以在网络用户中推广企业的品牌,快速树立品牌形象,知名企业的网下品牌可以在网上得以延伸,并提升企业整体形象。通过网络推广,用户对企业品牌达到认知和认可。

3. 网址推广

网站要发挥自己的功能,无论是销售商品还是传播品牌,都需要一定的访问量。搜索引擎优化(SEO)和搜索引擎营销(SEM)主要负责网址推广工作。

4. 信息发布

无论是销售信息的发布还是品牌信息的推广,都是互联网营销的基本职能,也是互联网营销的核心,就是通过网络的方式,将一定的信息传递给目标人群,包括顾客、潜在顾客、媒体、合作伙伴、竞争者等。

5. 销售促进

销售促进是营销组合策略 4P 板块中的重要内容,互联网在促销上有传播面积广和传播速度快的优势。大部分互联网营销方法都与直接或间接促进销售有关。

6. 销售渠道

具备网上交易功能的企业网站、电商等平台开设的企业网店,其本身就是一个网上交易场所,网上销售是企业销售渠道在网上的延伸。

7. 顾客服务

从网站的常见问题解答到在线咨询、QQ、留言板、产品论坛等,互联网提供了更加方便的顾客服务手段,努力提高服务质量,互联网营销效果得到很大的提升。

8. 顾客关系

良好的顾客关系建立在交流之上,网络具备较强的交互性。在网络上及时传播企业的信息,及时了解和回答顾客的问题、提高顾客的参与感,能比线下更快捷地增进顾客关系。

9. 网上调研

网上调研具有速度快、成本低的特点，通过在线调查表或者电子邮件等方式，可以完成网上市场调研。准确地了解顾客和顾客的需求，是互联网营销的主要职能之一。

除此以外，统计分析、网站优化、资源互换也被认为是互联网营销的基本职能。

互联网营销的核心职能就是网上销售和建立网络品牌，前者能迅速见到效益，后者却是一个漫长的过程，但后者对企业的未来影响更大。企业开展互联网营销，必须抛弃急功近利的思想。同时，必须注意到，互联网营销各职能是相互配合、共同发挥作用的，仅仅由于某些方面效果欠佳就否认互联网营销的作用是错误的。

二、互联网营销的工作流程

互联网营销的一般工作流程如图 5-1 所示。

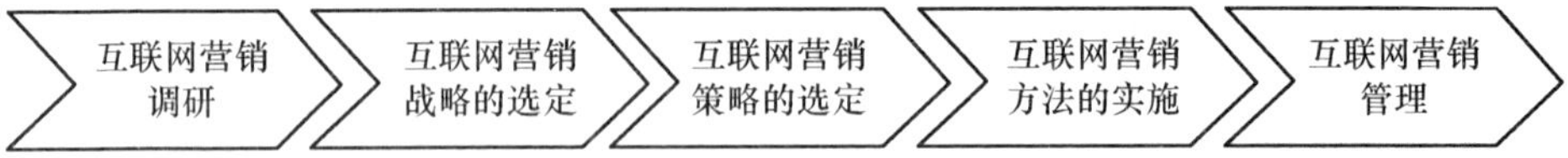

图 5-1　互联网营销的一般工作流程

（1）在互联网营销调研过程中，无论企业提供的是商品还是服务，互联网营销与传统营销在调研过程中的区别并不大，唯一区别在于互联网营销主要是通过网上调研来获得用户或者潜在用户的信息，通过网络信息的收集获得竞争者信息。

（2）在互联网营销战略的选定过程中，最主要的是针对互联网营销调研的结果，得出以下结论：何处有更多的用户或者潜在用户，我们服务哪部分顾客，我们的产品或者服务将在顾客心目中如何定位。

（3）在互联网营销策略的选定方面主要是针对何时、何地、采用什么策略更合适。例如，在网站建立初期，工作重心是搜索引擎优化，接下来是网站推广策略，再接下来是网站的渠道策略，然后是实施广告策略等。

（4）在互联网营销方法的实施中，要针对具体的策略进行操作。例如，在搜索引擎优化工作中，如何让搜索引擎更多地收录页面、如何增加网站的外链等具体的工作，或者针对事件营销策略进行事件策划、包装、炒作等。

（5）在互联网营销管理工作中，要对企业营销工作进行分析、改进、总结。

综上所述，互联网营销旨在建立更多的信息发布、反馈渠道（包括线上、线下两部分），通过互联网营销策略，让用户接受企业的产品或者服务，并且推广自己的品牌。

第六章　互联网营销策划

第一节　数字化与网络营销策划

一、数字化营销的概念

数字化营销是指以计算机信息网络技术为基础，通过现代电子手段和通信网络技术，有效地调动企业资源开展市场活动，以实现企业产品和服务销售的一系列活动的过程。它的实质就是借助于计算机网络技术来实现市场营销，它着眼于物流、资金流与信息流的有效协调和统一，从广义上讲包括网络营销、电子商务、数据库营销、ERP（创业资源计划）与物流管理等内容。

二、网络营销策略与层次策划

网络营销根据其实现方式有广义和狭义之分，广义的网络营销指企业利用一切计算机网络（包括 Internet 企业内部网、EDI 行业系统专线网及 Internet 国际互联网）进行的营销活动；狭义的网络营销专指国际互联网营销。国际互联网是全球最大的计算机网络系统，正迅速渗透到社会政治、经济、文化的各个领域，进入人们日常生活，并带来社会经济和人们生活方式的重大变革。

（一）网络营销策略

网络营销策略，就是为有效实现网络营销任务、发挥网络营销应有的职能，从而最终实现销售增加和持久竞争优势所制定的方针、计划，以及实现这些计划需要采取的方法。

网络营销每种职能的实现都有相应的策略和方法，具体包括 8 项基本策略：网站推广策略、网络品牌策略、信息发布策略、网上促销策略、网上销售策略、顾客服务策略、顾客关系策略、网上市场调研策略。另外，由于网络营销导向的企业网站建设是有效开展网络营销的基础，而网站流量统计分析是对网络营销效果进行检验和控制的基本手段，因此，这两种策略与上述网络营销 8 项策略共同构成了网络营销的 10 项基本策略。这 10 个方面体现了网络营销的基本任务，也为具体的网络营销方法选择提供了指导方针。

1. 网络营销导向的企业网站建设和维护

企业网站建设与网络营销方法和效果有直接关系,没有专业化的企业网站为基础,网络营销的方法和效果将受很大限制,因此,网络营销策略基本手段之一,是建立网络营销导向的企业网站。以网络营销策略为导向,从网站总体规划、内容、服务和功能设计等方面为有效开展网络营销提供支持。

2. 网站推广策略

网站推广的基本目的是让更多的用户了解企业网站,通过访问和使用网站提高网站访问量、提升品牌形象、促进销售、增进顾客关系、降低顾客服务成本等。常用方法包括搜索引擎营销、网络广告、资源合作、信息发布等。

3. 网络品牌策略

与网络品牌建设相关的内容包括专业性的企业网站、域名、搜索引擎排名、网络广告、电子邮件、会员社区等。

4. 信息发布策略

信息发布需要一定的信息渠道资源,这些资源可分为内部资源和外部资源:内部资源包括企业网站、注册用户、电子邮箱等,外部资源则包括搜索引擎、供求信息发布平台、网络广告服务资源、合作伙伴的网络营销资源等。掌握尽可能多的网络营销资源,并充分了解各种网络营销资源的特点,向潜在用户传递尽可能多的有价值的信息,是网络营销取得良好效果的基础。

5. 网上促销策略

在以网上销售为标志的电子商务还没普及前,网上促销,即对整体销售提供支持,是网络营销的主要作用之一。网上促销效果是各种网络营销活动综合作用的效果,包括网站推广、信息发布、网站内部广告、邮件列表、大型网站和专业网站的网络广告、E-mail 营销、搜索引擎营销等。

6. 网上销售策略

网上销售的实现包括建设完整在线销售管理系统的企业网站,以及通过专业电子商务平台开展在线销售等方式。

7. 顾客服务策略

在线服务的主要手段包括 FAQ(常见问题解答)、电子邮件、在线表单、即时信息、论坛等，其中既有事先整理出供用户自行浏览的信息，也有用户提出问题征求企业解答等内容。

8. 顾客关系策略

顾客关系是与顾客服务相伴而产生的一种结果，良好的顾客服务才能带来稳固的顾客关系，因此，顾客服务策略和顾客关系策略是一脉相承的。

9. 网上市场调研策略

网上市场调研主要的实现方式包括通过企业网站设立的在线调查问卷、电子邮件发送的调查问卷以及与大型网站或专业市场研究机构合作开展专项调查等。

10. 网站流量统计分析

对企业网站流量的跟踪分析不仅有助于了解和评价网络营销效果，同时也为发现其中所存在的问题提供了依据。网站流量统计既可以通过网站本身安装统计软件来实现，也可以委托第三方专业流量统计机构来完成。

（二）网络营销层次策划

目前我国企业的网络营销策划大致可分为以下三个方面。

1. 信息应用层策划

这是最简单、最基本的一层。在这个层次上，企业主要通过利用 Internet 来发布信息，并充分利用网络优势，与外界进行双向沟通。在这个应用层中，不需要企业对信息技术有太高的要求，只是最基本的使用。比如通过发 E-mail 与消费者进行沟通、交流，定期给客户发各种产品信息邮件、产品推荐邮件、电子刊物等加强与顾客的联系；建立企业主页，将一些有关企业及其产品、服务的介绍放在上面，辅之精美的图文，供访问者浏览。

2. 战术营销层策划

（1）网络营销调研。

利用 Internet 在线调研可以轻松地完成大量的复杂的调研工作，能够充分满足各种统计数据的要求，提高营销调研的质量。由于它使用电子问卷，从而大大减少了数据输入工作，因此缩短了调研时间。

（2）网上销售。

这是目前网络营销最具诱惑力的地方之一。数以千计的企业在网上安营扎寨，销售产品种类繁多。而实际中，这个企业也许仅仅就是一台电脑，没有厂房，没有员工,没有办公大楼。他们是网上的"虚拟巨商",却又是如此的真实。网上销售与传统的商业销售的实物流程相分离,是一种信息时代的营销手段。

(3)营销战术系统。

营销战术系统主要包括一些用于管理库存的子系统,用于宣传产品、链接网站的子系统及用于答复用户意见、反馈信息的子系统。决策者们利用网上的这一系统分析工具,进行着各种各样的决策活动。

3. 战略营销层策划

这个层次是建立在战术营销层基础上,将整个企业营销组织、营销计划、营销理念等完全融入网络,依靠网络制定方针,开展战略部署,实现战略转移、缔结战略同盟等战略决策。

三、网络营销运作策划

(一)网上调研策略策划

1. 通过电子邮件或来客登记簿询问访问者

因特网能在营销人员和顾客之间搭起一座桥梁,起关键作用的是电子邮件和来客登记簿。电子邮件可以附有 HTML 表单,顾客能在表单界面上点击相关主题并且填写附有收件人电子邮件地址的有关信息,然后回发给公司。来客登记簿是让顾客填写并回发给公司的表单。营销人员通过电子邮件和来客登记簿能获得有关访问者的详细信息。如果有相当人数的访问者回应,营销人员就能统计分析出公司的销售情况。

2. 通过邮编查询地区平均收入

营销状况在不同地区是有差别的,因此营销策略也应因地而异。营销人员应了解某一地区的平均收入情况,以便采取适当的营销策略。在因特网上,营销人员确定访问者的邮编后,就能查询到访问者所在的地区,从而对该地区的平均收入情况做出估计。

3. 用软件来检测访问者是否完成了调查问卷

访问者经常会无意或者有意地遗漏掉一些信息。营销人员能通过一些软件程序来确定他们是否正确地填写了调查问卷。如果访问者遗漏了调查问卷中的一些内容,调查问卷会重新发送给访问者请求补填,如果访问者完成了调查问卷,他们会在个人计算机上收到证实完成的公告牌。但是，这种策略不能保证调查问卷上所反映信息的真实可靠性。营销人员在电话调查和商业展示会发出的调查问卷中面临着同样的问题。

（二）网上产品策略策划

公司站点可以在不同的产品生命周期阶段策划相应的营销策略。

（1）在产品或服务的开发阶段，可以发现客户的需求，了解竞争对手，利用公司站点进行市场调查，发布新产品信息并利用客户反馈来完善产品和服务。

（2）在产品或服务的成长阶段，利用公司站点可与新闻媒体和客户等沟通信息，在市场上提高公司及产品形象。这种与消费者的接近方式能在其心目中建立公司品牌形象的亲和力。

（3）在产品或服务的成熟阶段，可以利用公司站点代替或部分代替传统的广告、印刷品等，保证产品的图文介绍的需要，并可以直接进行网上订购交易，降低销售成本。

（4）在产品或服务的后期衰退阶段，可以利用公司站点处理顾客的投诉、咨询和建议，降低与顾客沟通所需的成本，提高产品的服务水准，如利用电子邮件的自动回复系统提供24小时信息服务。许多软件开发商把他们的Web站点用作供顾客投诉和提供有关产品建议的汇集点。

第二节　互联网时代大数据营销策略

大数据开启了一次重大的时代转型，就像望远镜让我们感受宇宙，显微镜让我们能够观测微生物一样，大数据正在改变我们的生活方式。大数据时代的核心是预测。在移动互联网时代、大数据化运营的大环境中，企业需要转变思维，顺应时代的发展，调整营销战略以期待新的突破。

一、大数据给企业营销战略带来的转变

大数据给企业营销战略带来的转变有如下两大方面：

（一）营销战略从关注“技术”到关注“信息”的转变

大数据发展的核心动力来源于人类测量、记录和分析世界的渴望。信息技术变革随处可见，但是如今信息技术变革重点在技术上，而不是在信息上。大数据时代信息的获取变得越来越轻松，数据处理能力越来越强大，数据总会被从很多意想不到的地方提取出来，量化一切成为数据化的核心，也让信息成为大数据时

代变革的重点。以前的营销活动,都是从收集消费者信息、购买记录等小量精准数据来推导因果关系,制定营销战略,但是这些数据从获取小量样本,到数据分析演算,再到战略实施在时间上已经大大延迟。移动互联网时代的当下,信息可谓是瞬息万变,这样的推导模式远远达不到企业所期许的营销效果,通过大数据分析营销活动的现状和预测未来越来越准确,商家们越来越关注高效。

(二)营销战略从关注"为什么"到"是什么"的转变

知道人们为什么对信息感兴趣可能是有用的,但这个问题目前并不是很重要。但是知道"是什么"可以制造很高的点击率,这种洞察能力足以重塑很多行业,不仅是电子商务。所有行业中的销售人员都被告知,他们需要了解是什么让客户做出选择,要把握客户背后做出决定的真正原因,因此专业技能和多年的行业经验受到高度重视。大数据还显示另外一个在某些方面更有用的方法,即通过相关关系,我们可以比以前更容易、更便捷、更清楚地分析事物。大数据的相关关系分析法更准确、更快,而且不易受偏见的影响。通过探求"是什么"而不是"为什么",相关关系帮助我们更好地了解世界、了解商业,更好地制定营销战略。知道"是什么"就足够了,没有必要知道"为什么"。在大数据时代,我们不必一定知道现象背后的原因,而是要让数据自己发声。

二、大数据是企业营销战略差异化定位的根基

数据创新取之不尽、用之不竭,数据就像一个神奇的钻石矿,在它的首要价值被发掘后仍能不断给予,因此它是企业营销战略差异化定位的根基。

(一)通过大数据对用户行为与特征进行分析

只有积累足够的用户数据,才能分析出用户的喜好与购买习惯,甚至做到"比用户更了解用户自己"。这是大数据营销的前提与出发点。过去虽也有"一切以客户为中心"作为口号的企业经营思想,但真的能及时全面地了解客户的需求与所想吗?或许只有大数据时代这个问题的答案才能更加明确。客户数据分析如图 6-1 所示。

(二)通过大数据支撑精准营销信息推送

精准营销总在被许多公司提及,但是真正做到的少之又少,反而是垃圾信息泛滥。究其原因,主要是过去名义上的精准营销并不怎么精准,因为其缺少用户特征数据支撑及详细准确的分析。现在的 RTB(实时竞价)广告的应用则向人们展示了比以前更好的精准性,而其背后靠的是大数据支撑。精准营销如图 6-2

所示。

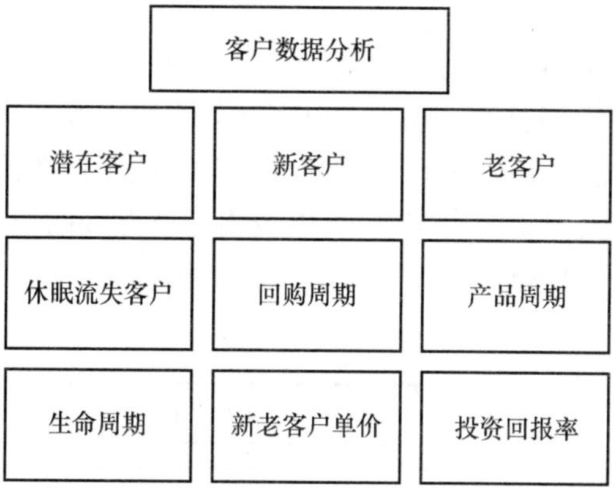

图 6-1　客户数据分析

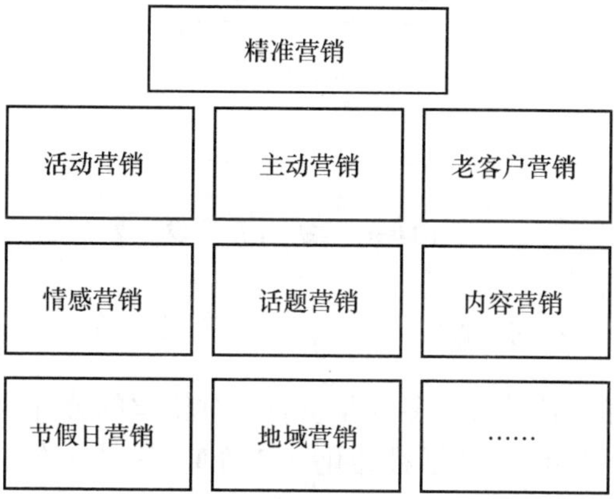

图 6-2　精准营销

（三）通过大数据让营销活动更能投用户所好

如果能在产品生产之前了解潜在用户的主要特征，以及他们对产品的期待，那么你的产品即可投其所好，如图 6-3 所示。

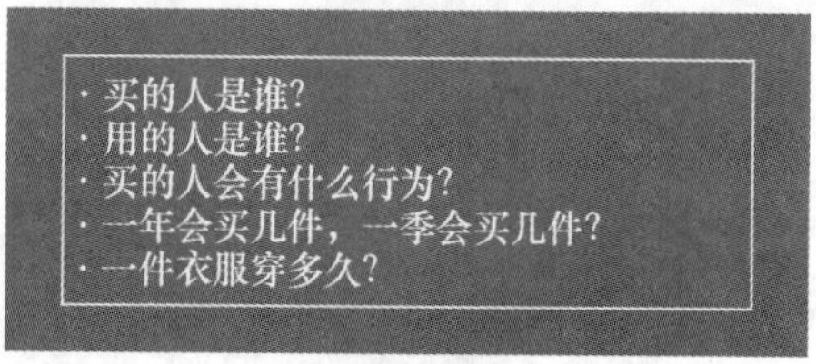

图 6-3　投用户所好

(四)通过大数据帮助企业筛选重点客户

让许多企业家纠结的事情是:在企业的用户、好友与粉丝中,哪些是最有价值的用户?有了大数据,或许这一切都可以更加有事实支撑。从用户访问的各种网站可判断其最近关心的东西是否与你的企业相关,从用户在社会化媒体上所发布的各类内容及与他人互动的内容中,可以找出千丝万缕的信息,利用某种规则关联及综合起来,就可以帮助企业筛选重点的目标用户。客户体系建设如图 6-4 所示。

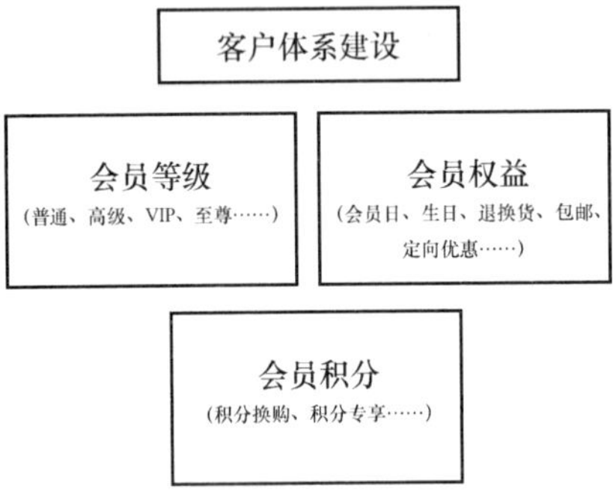

图 6-4　客户体系建设

(五)通过大数据分析更加清晰你的产品消费者特点

面对日新月异的新媒体,许多企业想通过对粉丝的公开内容和互动记录的分析,将粉丝转化为潜在用户,激活社会化资产价值,并对潜在用户进行多个维度的画像,其目的就是更加精准地分析产品消费者特点。用户的购买因素如图6-5所示。

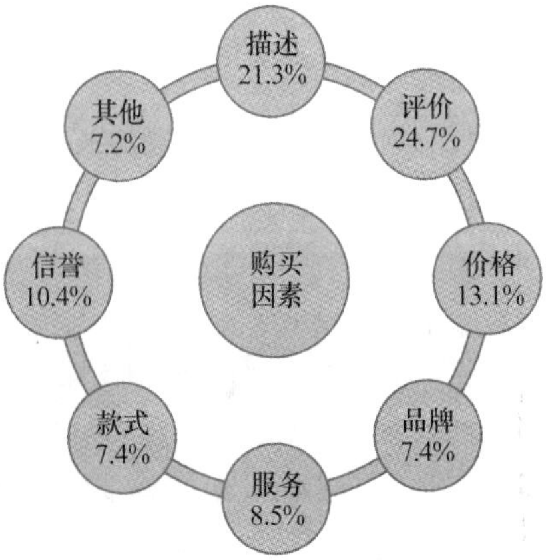

图 6-5　购买因素

第七章　企业市场营销策划案例分析

除了要了解、掌握基本的市场营销策划理论，还要将其运用到实践中，在解决实际问题的需要中去做策划，去实行策划方案。本章选取两个比较具有代表性的企业利用互联网进行营销策划的方案进行研究分析。

第一节　××房地产集团微信公众号——越秀·ABC

ABC（化名）是世界500强××房地产集团携手大型国企共同开发的楼盘，位于广州市海珠区，坐享广州市中心醇熟的生活配套，项目产品涵盖LOFT公寓、住宅、商业等，产品丰富。微信公众号的推出，不仅满足了企业对其品牌推广的需要，更达到了营销的目的。××房地产集团抓住了公众号这一特点，及时推出自己的公众账号，旗下越秀·ABC微信公众号成功运作起来。

一、越秀·ABC微信公众号简介

1. 公众号内容

ABC楼盘通过集团的微信公众号来把消息传递给客户。通过定期或者不定期地推送媒体信息，把ABC楼盘的优势特点以及价格、户型等信息提炼出来，搭配图片、音乐、视频等进行宣传，通过对客户的精准营销，不时提供线上或者线下的活动，使客户对房地产项目更加了解，并且产生好感。

关注“越秀·ABC”微信公众号后，主界面会显示出三部分内容。

第一部分包括：①视频赏析——××房地产集团企业宣传片；②户型鉴赏——ABC楼盘的各种户型简介；③历程——这个项目发展的历程，各个大事件介绍；④VR全景——借助VR技术让客户仿若身临其境来感受该项目。

第二部分旨在通过打造一个优质、扩容、分享的圈层，将业主聚拢在一起，定期举办主题性活动。

第三部分是让客户通过电话咨询、实地参观等方式面对面地了解楼盘信息。

上述这些功能包括房地产项目微信广告的主要信息，基本满足客户想要了解楼盘信息的需要，同时对××房地产集团也起到了很好的宣传效果，拉近了与客户的距离。

2. 公众号定位

公众号的运营首先要有精准的定位，要考虑用什么样的形式发布以及何时发布等。公众号的定位可以从目标用户定位、服务定位和平台定位这三个方面考虑。比如××房地产集团和大多数房地产公司类似，经过筛选，可以将目标用户定位为有一定经济基础的中老年人；服务定位是方便快捷地提供ABC楼盘的房地产信息，以提供与房地产有关的服务为主，并利用一些线上或者线下的活动来扩大项目的影响；平台定位为依托大数据和微传播技术实现的基于微信平台的精准营销。

二、越秀·ABC微信公众号营销传播策略

1. 增强互动形式，以服务维系情感

微传播的兴起，让用户之间的传播形态和交流形式有了多元的模式，用户可以使用多种互联网终端来发布自己的感受或信息。利用微信平台的交互性这一特点，微信公众号进行广告传播，展开各种各样的互动广告营销。其中，颇为重要的是加强与客户的沟通，可以跟帖、留言；策划专题活动，用奖品或者宣传用户感兴趣的知识来鼓励用户参与；设置专门板块，方便与用户交流，或者用户之间的交流。另外，还可以开展面对面的线下活动来增进用户之间的互动。

微信公众号营销的前提就是维持稳定的和持续的用户活跃度和忠诚度。有了互动之后，运营者就可以很容易地发现用户的真实需求与企业推出的产品之间的共通点，促进企业和消费者对产品的认可。

2. 软文广告的发布

软文广告是一种以文字为主、具有营销目的的广告形式，微信公众号具有自媒体的特质，因此其在发布内容上弹性空间很大。通常来讲，微信公众号的软文广告有几点特性：一是成本较低，回报率较高，对用户的干扰较小，因此信息的到达率较高；二是标题吸引人，文章内容新颖独特、故事生动有趣，使用户忍不住去看并且分享；三是贴近用户生活，精准定位；四是善于借势传播，在某个时间节点，发布正合时宜的软文广告，吸引用户注意。

3. 发布形式多样化

伴随图文时代的来临，相对于文字来说，用户大多习惯看图，一般公众号文章

也是图片占六成以上,文字只占一小部分。近几年视频、H 5 以及 GIF 动图逐渐兴起,形式的多样化可以帮助用户更好地了解项目情况。

随着传播技术的发展,信息的传播形式以及它的呈现方式也随之改变,目前可视化的信息和微视频成为大家喜闻乐见的形式。微信里的视频广告一般维持在 4 分钟左右,这一点和传统的电视广告不同,视频里主要表现企业所宣传的产品信息、企业理念、品牌观念等。越秀 · ABC 公众号主界面第一部分里的视频赏析就选用了 × × 房地产集团的企业宣传片,大气、恢宏的场景可以提高项目在用户心目中的形象,让用户更加了解项目主办方的背景与实力。第二部分则是用 H5 搭配忧伤或快乐的纯音乐来更好地表现主题,让用户产生对越秀 · ABC 的归属感。

伴随着传播技术的发展,微信公众号将会作为一个极好的自媒体平台,起到很好的传播效果。微信公众号营销更能精准地吸引并且锁定自己的用户群体,注重用户的体验过程。× × 房地产集团通过为用户提供如水果盛宴、免费公开课、放映热播电影等福利式的服务,方便与用户进行面对面的沟通,使用户在“试使用”的过程中与 × × 房地产集团越秀 · ABC 建立起“朋友”的关系,拉近与用户之间的距离,建立彼此的信任感,并且在活动中让用户积极参与,如有奖转发、积分抢答等,既留住了用户,还可以通过用户的转发吸引用户的朋友了解产品。并且微信公众号的利用更符合当今人们快节奏的生活习惯,信息对称更加精准,信息送达率更高。

第二节　某老字号餐饮公司把顾客变用户

某老字号餐饮公司(以下化称 ABC 饭馆)以独具特色的烧鸡为龙头,拥有集几百道特色菜品于一体的特色菜系。

ABC 饭馆的核心业务是中式正餐,2019 年餐饮销售收入高达 13.64 亿元,同比增长 0.24%;接待宾客 726.8 万人次,同比增长 3.15%;上座率同比上升 4.95%,人均消费同比上升 2.14%。应该说,在传统餐饮业陷入困境之时,ABC 饭馆之所以能逆势上扬,与过去经营门店和经营产品向现在的经营用户思路转变分不开,其中必不可少地就包括网络社区营销。

ABC 饭馆认为,自己虽然每年都有 700 多万顾客进店,这是其他传统餐饮企业和互联网企业都不具备的资源,但这些顾客还不能算是用户,当务之急是要利用互联网把他们变成用户,然后对这些用户数据进行挖掘和管理,推出他们所希望的产品和服务,最终实现用户价值的转化。

这里补充说明一下这两大概念:顾客是指接受产品或服务的组织或个人,用户是指产品或服务的使用人或消费者。两者的区别在于:顾客一定是付款的,但他付款买下产品后不一定自己用，可能会送人；而用户使用产品不一定必须自己付款，有可能是别人请客。两者的联系是：他们都是消费者，部分对象会有重叠。

为了实现这一转化，ABC 饭馆推出了外卖和电子商务两大新业务板块。

ABC 饭馆推出外卖业务，并不是照搬照抄，而是在自身经营业务过程中逐渐发现的。烧鸡打包的需求过去长期存在，而 ABC 饭馆门店也一直提供这一服务，所不同的是，有这种外卖打包需求的顾客越来越多，所以推出这项专门服务的时机便应运而生。ABC 饭馆根据外卖和堂食两种不同的消费场景，专门对外卖产品进行整体封装，顾客好评率达 98%。

ABC 饭馆推出的电子商务重点在于开发自身资源，突出表现为以下两点：一是它本身拥有完整的食品工业体系，这是货源上的资源；二是它每年有 700 多万名进店顾客，这是用户资源。拥有这两项优势，ABC 饭馆接下来要做的就是把烧鸡产品做大、做好、做新，而在这其中必不可少地就包括外卖，而外卖就必须利用互联网。

为此，ABC 饭馆与外卖签订战略合作协议，双方携手打造 ABC 饭馆外卖生态体系。具体地说，顾客除了能在 ABC 饭馆的公众号上订购外卖和电子商务产品，同样也能在某搜索引擎公司外卖上订购。ABC 饭馆特地成立了一家合资企业，来具体从事用户化和互联网化运行，打造“互联网 + ABC 及全国美食”新模式。

众所周知，烧鸡外卖一直是餐饮业的难题，因为它很难保证用户在吃烧鸡时能享受堂食那样的温度和脆酥的口感。为此，ABC 饭馆经过一年多时间的研究开发，通过推出包制鸡卷，并且通过使用特制的加热包进行现场加热，从而确保了烧鸡入口时的温度和口感。为了确保服务标准，ABC 饭馆所有外卖产品都由自己门店生产，品质与门店同步。

总体来看，ABC 饭馆的网络社区营销出发点就在于把顾客变成用户，决心要挖掘出“互联网 +”营销的本质，即把传统商业注重商品和效益的链接转移到注重人的链接上来，因为只有人的链接才能创造出更大的价值。

参考文献

[1]陈奇琦,张荻.营销策划[M].北京:中央广播电视大学出版社,2014.
[2]高海友,宋华,龚学刚.广告标题创作与赏析[M].长春:北方妇女儿童出版社,2015.
[3]高见,孙霞霞,薛英.经济多元化背景下企业市场营销理论及营销策略研究分析[M].北京:中国商务出版社,2017.
[4]郝渊晓,费明胜.市场营销学[M].2版.广州:中山大学出版社,2017.
[5]何秀丽,靳娟.营销策划原理与实务[M].西安:西安交通大学出版社,2014.
[6]胡德华.市场营销原理与实务[M].北京:清华大学出版社,2011.
[7]胡玲.营销管理与营销策划[M].北京:对外经济贸易大学出版社,2017.
[8]姜岩.市场营销策划:理论与实务[M].4版.大连:大连理工大学出版社,2015.
[9]李怀斌.服务营销学教程[M].4版.大连:东北财经大学出版社,2017.
[10]李阳,林玉贞,吴吉明.市场营销策划理论与实务[M].北京:北京理工大学出版社,2018.
[11]马进军.市场营销理论与实务[M].上海:上海大学出版社,2014.
[12]孟韬.市场营销策划[M].4版.大连:东北财经大学出版社,2018.
[13]莫小平,周兰.营销策划[M].上海:立信会计出版社,2012.
[14]石文典.市场营销心理学[M].大连:东北财经大学出版社,2000.
[15]司凯,彭明唱.市场营销[M].西安:西安电子科技大学出版社,2018.
[16]孙建勇.房子只送不卖[J].思维与智慧,2020(6):19.
[17]孙勇,刘博.市场营销[M].南京:东南大学出版社,2017.
[18]覃素香,陈琪,翁栋.市场营销策划[M].北京:北京工业大学出版社,2017.
[19]谭蓓.市场营销[M].重庆:重庆大学出版社,2017.
[20]王多明.策划原理与实务[M].大连:东北财经大学出版社,2018.
[21]王斐,罗军.营销策划[M].北京:北京理工大学出版社,2018.
[22]王纪录.市场营销创意策划[M].北京:煤炭工业出版社,2017.
[23]王锦程.市场营销策划原理与实务[M].北京:中国财富出版社,2015.
[24]王蕾.策划理论及案例分析[M].长春:东北师范大学出版社,2017.
[25]王瑞丰.市场营销策划与执行[M].北京:首都经济贸易大学出版社,2013.
[26]谢明,刘杨,聂云.市场营销[M].北京:北京工业大学出版社,2017.

[27]徐建华,罗阿玲.企业模拟经营:ERP沙盘实训教程[M].成都:西南交通大学出版社,2018.

[28]徐伟,刘忠君.市场营销策划[M].徐州:中国矿业大学出版社,2017.

[29]徐长冬,陈伟,杨芳.市场营销策划[M].哈尔滨:哈尔滨工程大学出版社,2015.

[30]许彩国.市场营销案例分析·策划篇[M].南京:东南大学出版社,2009.

[31]颜青.市场营销[M].北京:对外经济贸易大学出版社,2018.

[32]杨明刚.营销策划创意与案例解读[M].上海:上海人民出版社,2008.

[33]杨艳.网络营销理论与实务[M].北京:知识产权出版社,2015.

[34]杨勇华.营销策划[M].北京:北京理工大学出版社,2014.

[35]叶生洪,陶乐,吴国彬.营销策划理论与实务:微课版[M].北京:人民邮电出版社,2019.

[36]殷博益.市场营销学[M].3版.南京:东南大学出版社,2018.

[37]殷建国,鲍玮,王永钊.营销策划[M].成都:四川大学出版社,2015.

[38]俞文钊,陆剑清,李成彦.市场营销心理学[M].2版.大连:东北财经大学出版社,2006.

[39]张建华,王春兰.市场营销策划理论与实务[M].上海:上海交通大学出版社,2011.

[40]张黎明.市场营销学[M].6版.成都:四川大学出版社,2018.

[41]张晓,王丽丽.市场营销策划——理论、实务、案例、实训[M].大连:东北财经大学出版社,2012.

[42]章金萍.新编市场营销实务[M].杭州:浙江大学出版社,2018.

[43]赵红.市场营销策划[M].武汉:华中科技大学出版社,2013.

[44]钟旭东.市场营销学:现代的观点[M].2版.上海:格致出版社,上海人民出版社,2019.

[45]周玫,陆淳鸿.营销策划[M].2版.武汉:华中科技大学出版社,2015.

[46]朱华锋,朱芳菲.营销策划理论与实践[M].4版.合肥:中国科学技术大学出版社,2017.

[47]朱雪芹,李丰威.市场营销策划[M].重庆:重庆大学出版社,2015.

[48]科特勒,凯勒.营销管理[M].13版.卢泰宏,译.北京:中国人民大学出版社,2009.

[49]高明霞.微信公众号的营销案例分析——以绿地越秀海玥为例[J].新媒体研究,2017(21):38-39.

[50]蒋桦.电子商务背景下微信营销的策划与运营管理[M].成都:电子科技大学出版社,2018.

[51]赵浩宇. 直播时代下社交与农产品的营销模式与案例分析[J]. 全国流通经济,2017(30):4-5.
[52]林颖. 电子商务实战基础:新媒体营销实战[M]. 北京:北京理工大学出版社,2019.
[53]喻晓蕾,苑春林. 网络营销[M]. 北京:中国经济出版社,2018.
[54]陈雨,潘越. 网络营销[M]. 重庆:重庆大学出版社,2018.
[55]张志千. 互联网营销[M]. 北京:知识产权出版社,2016.
[56]陈宏付. 国际市场营销理论与实务[M]. 北京:北京理工大学出版社,2018.
[57]严行方. 互联网+营销18法[M]. 北京:中国纺织出版社,2017.
[58]韩布伟. 颠覆式互联网营销[M]. 北京:中国铁道出版社,2016.
[59]刘华鹏. "互联网+"颠覆式营销[M]. 北京:经济管理出版社,2016.
[60]石泽杰. 引爆互联网营销[M]. 北京:知识产权出版社,2018.